Ulmer Taschenbuch 16

D1937608

Traut Graeber
Witta Betz-Schiel

Der Vorgarten

43 Farbfotos
53 Zeichnungen

E.U.
VERLAG
EUGEN
ULMER

Zeichnungen von Rainer Benz, Stuttgart

CIP-Kurztitelaufnahme der Deutschen Bibliothek

Graeber, Traut:
Der Vorgarten / Traut Graeber ; Witta Betz-Schiel.
[Zeichn. von Rainer Benz]. – Stuttgart : Ulmer,
1986.
(Ulmer-Taschenbuch ; 16)
ISBN 3-8001-6268-7

NE: Betz-Schiel, Witta:; GT

© 1986 Eugen Ulmer GmbH & Co.
Wollgrasweg 41, 7000 Stuttgart 70 (Hohenheim)
Das Werk einschließlich aller seiner Teile ist urheberrechtlich geschützt. Jede Verwertung außerhalb der engen Grenzen des Urheberrechtsgesetzes ist ohne Zustimmung des Verlages unzulässig und strafbar. Das gilt insbesondere für Vervielfältigungen, Übersetzungen, Mikroverfilmungen und die Einspeicherung und Verarbeitung in elektronischen Systemen.
Printed in Germany
Satz: Setzerei Lihs, Ludwigsburg
Druck und Bindung: Georg Appl, Wemding

Vorwort

»Man soll sich freuen, wenn man kommt, und bedauern, daß man gehen muß« (Reich).

Besser kann man die Funktion eines Vorgartens nicht umschreiben. Um einen Vorgarten zu gestalten, an dem man seine Freude hat, bedarf es nicht unbedingt einer dicken Geldbörse, sondern man braucht vielmehr Phantasie und einige Fachkenntnisse, um die vielfältigen Möglichkeiten nutzen zu können.

Betrachtet man heute die Vorgärten, so hat man oft das Gefühl, daß die Gestaltung eine Verlegenheitslösung nach dem jeweils gültigen Schema ist. Es fehlt der Mut zur Individualität, der Mut, etwas nach seinen eigenen Wünschen und Ideen zu machen und sich über die Norm hinwegzusetzen.

Wieviel Unbekümmertheit und Leichtigkeit zeigen manche ungekünstelten Gärtchen, in denen alles durcheinander wächst und blüht, wo man sich über alle »Regeln der Gartengestaltung« hinweggesetzt hat. Wieviel lebendiger und erlebnisreicher könnten unsere Straßenräume durch eine abwechslungsreiche Bepflanzung und vielfältige Gestaltung der Vorgärten werden.

Mit unseren Anregungen und Beispielen wollen wir dem Leser Mut machen und zur Lösung seiner persönlichen Vorgarten-Probleme beitragen, obwohl »... die besten Gartenbücher von denen verfaßt werden müßten, die sich noch den Kopf zerbrechen, um sich auf den nichtssagenden lateinischen Namen des Geißblattes zu besinnen, und die noch ehrfurchtsvoll das Wunder bestaunen, wie ein frischgepflanzter Geranienschößling neue Blüten treibt« (Beverley Nichols).

Wer Garten und Pflanzen bejaht, ist auch von ihnen abhängig. Auch der Vorgarten, diese Restfläche von Beton und Asphalt, sollte mehr sein als Repräsentationsgrün mit hygienischem Aspekt. Jedes Stückchen Garten hat seinen Wert, wenn man erkennt, »... daß ein Garten die einzige Geliebte ist, die nie versagt und nie verblüht« (Beverley Nichols).

Traut Graeber
Witta Betz-Schiel
Bernau am Chiemsee und Straußdorf
im Frühjahr 1986

Inhalt

Großzügige, gemeinsam geplante Bepflanzung in einer Siedlung.

Aufgaben und Funktionen

Das Gelände zwischen Straße und Haus ist eine in der Baunutzungsverordnung klar definierte Abstandsfläche, die im Genehmigungsverfahren für Wohngebiete festgelegt ist. Allein das Vorhandensein oder Nicht-Vorhandensein von Vorgärten kann ein Stadtviertel entscheidend prägen. Art und Charakter der Bepflanzung sind für das Straßenbild ebenfalls von wesentlicher Bedeutung. Vorgärten sind sowohl die Erweiterung des Straßenraumes als auch des Wohnhauses, sie sind mehr nach außen als nach innen orientiert und sollten sich nach der Art der Bebauung und deren Nutzung richten.

Die Menschen haben zu verschiedenen Zeiten unterschiedliche Bedürfnisse. Manche Aktivitäten verlangen eine geschützte Privatsphäre, wohin man sich zurückziehen kann, andere verlangen die Öffentlichkeit der Straßen und Plätze oder auch der freien Landschaft. Im sogenannten Wohnumfeld suchen wir etwas Mittleres. Der Bereich vor der Haustüre ist nicht völlig privat, nicht ganz abgeschirmt, er ist aber auch nicht öffentlich.

Der Vorgarten hat mehrere praktische Funktionen: Er ist Zugang zu Haus, dient als Garageneinfahrt, Stellplatz, zur Unterbringung der Mülltonnen und des

Beidseitig eingezäunte Vorgärten.

Eingezäunte Vorgärten nur an einer Straßenseite.

Fahrradständers. Diese Funktionen harmonisch mit Grünflächen zu verbinden, ist eine nicht ganz leichte Aufgabe. Oft weiß man nicht, was man mit diesem Bereich anfangen soll, es entstehen Verlegenheitslösungen. Man schaut beim Nachbarn ab und eine schlechte, aus der Unsicherheit geborene Lösung multipliziert sich. Eine individuelle Gestaltung ist dann sicher besser als eine nach der derzeitigen Mode oder dem gängigen Schema. Patentlösungen gibt es nicht. Für jedes Grundstück lassen sich jedoch mehrere Wege einschlagen, es kommt nur auf das Wo und das Wie an.

In der Vergangenheit wurden die sozialen Aspekte, die Vorgärten bieten können, häufig übersehen. Eine gemütliche Zone vor dem Haus, die Platz zum Verweilen, für das Gespräch mit dem Nachbarn bietet und Treffpunkt der Kinder ist, hilft aus der so oft vorhandenen Isolation der Bewohner heraus und schafft Kommunikationsmöglichkeiten, besonders in größeren Siedlungen.

Wichtig für das menschliche Wohlbefinden ist auch das Klima. Allzu oft werden Grünflächen gedankenlos den Autostellplätzen vor der Tür geopfert. Mit einer ansprechenden Gestaltung und

Offene und durch Hecken begrenzte Vorgärten.

Offene Vorgärten auf beiden Straßenseiten.

Bepflanzung könnte manche Härte gemindert werden. Die Trostlosigkeit eines in der Sonne dampfenden Asphaltplatzes ist kein das Gemüt belebender Anblick. Jeder Autofahrer wird sich freuen, wenn er in der Sommerhitze im Schatten eines Baumes parken kann, der nicht mehr Platz braucht als in Betongefäßen kümmernde Sträucher, die lediglich als Dekoration und grünes Alibi dienen.

Immer mehr wird dem Stadtbewohner aber der Baum zum Sinnbild des Lebens. Er begreift, wie wichtig die Vegetation für das Kleinklima in den Straßen ist, das die Bäume durch Verdunstung, Schatten, Sauerstoffbildung und Staubbindung verbessern. Ein gesunder Baum verdunstet bis zu 500 l täglich, dadurch können 100000 m^3 Luft von 30 auf 60 % Luftfeuchtigkeit gebracht werden.

Lebensgerechte Strukturen in der Stadt werden ganz besonders durch die Vegetation am Haus geschaffen. In vielen Städten sterben die Straßenbäume durch Bodenverdichtung, Salz und Trockenheit. In den Vorgärten können sie noch ungefährdeter wachsen und überleben. So ist der Hausbaum nicht nur für den Besitzer, sondern für alle Bewohner von Nutzen und Bedeutung.

Historische Entwicklung

Bei der Betrachtung eines schmalen Vorgartens erscheint es uns zunächst unwahrscheinlich, daß diese kleine Fläche in der Gartenkunst eine Rolle gespielt haben könnte. Der Vorgarten ist aber das erste, was dem Vorübergehenden ins Auge fällt, und es dürfte lohnend sein, sich über seine Entwicklung einige Gedanken zu machen.

Eine eigenständige Gestaltungsform werden wir kaum finden. Sie wird immer vom Stil ihrer Zeit geprägt sein, wobei im kleinen Rahmen des Vorgartens oft nur einzelne Stilelemente zum Tragen kommen können. Die Bedeutung, die dem Vorgarten zukommt, ist außerdem unterschiedlich und hängt weitgehend mit dem Städtebau und der Stadtplanung zusammen. Unsere Bebauungsformen brachten es mit sich, daß Vorgärten erst mit dem Ausgang des 19. Jahrhunderts an Gewicht gewannen. Es hat sie aber, wenn auch in geringem Maße, in allen Epochen gegeben.

So wie die Kunstgeschichte von allen großen geistigen Strömungen beeinflußt wurde, so wurde auch die Gartenkunst und damit der Vorgarten, von ihnen beeinflußt. Durch ihre lebendigen Werkstoffe ist die Gartenkunst aber in noch viel stärkerem Maße vom jeweiligen Zeitgeschmack geprägt als die Baukunst. Ein Teil des gesellschaftlichen Lebens spielte sich in den Gärten ab und so wurde die Geschichte der Gartenkunst auch zu einem Stück Geschichte der Gesellschaft. Allgemeine Modeerscheinungen können sich auch heute noch sehr schnell im Garten niederschlagen. Man denke nur an den Trend zur Pflegeleichtigkeit, der sich im Garten keineswegs atmosphärebildend ausgewirkt hat.

Mittelalter

In den mittelalterlichen Städten war kein Platz für Vorgärten. Mit ihren Mauern, Türmen und Kirchen stellten sich die Städte schon von weitem als geschlossene Erscheinung dar. Das Gelände vor der Stadtmauer wurde wegen der freien Sicht gegen herannahende Feinde gewöhnlich von dichten Pflanzungen und Wäldern freigehalten. Innerhalb der Stadtbegrenzung standen die Häuser eng zusammengerückt an schmalen Gassen. Freiräume zwischen Haus und Straße gab es nicht, man trat aus der Haustür direkt auf die Straße.

Auch im ländlichen Bereich, z.B. in Straßendörfern, fehlte vielfach der freie Raum vor dem Hause. Der Platz für Begegnungen, wo Kinder spielten und Ältere sich unterhielten, war die Straße. Sie bot ein dichtes Leben, man wohnte eng zusammen und nahm nachbarschaftlichen Anteil aneinander.

Die Anfänge

Vielleicht wuchs zwischen Kopfsteinpflaster oder in den Ritzen am Haus hin und wieder ein Grasbüschel, keimte ein angeflogener Same einer Wiesenblume. Dies mag den Wunsch nach etwas Grün in der Straße geweckt und die Menschen auf den Gedanken gebracht haben, am Haus eine Rose, einen Efeu oder sogar einen Spalierbaum zu pflanzen.

Schließlich entstanden die ersten richtigen Gärten. Es waren zunächst Freiflächen an Klöstern und Kirchen. In einer Chronik der Insel Reichenau steht: »Vor Mariens Haus erstreckt sich der Gar-

Renaissance-Garten mit geschnittenen Hecken.

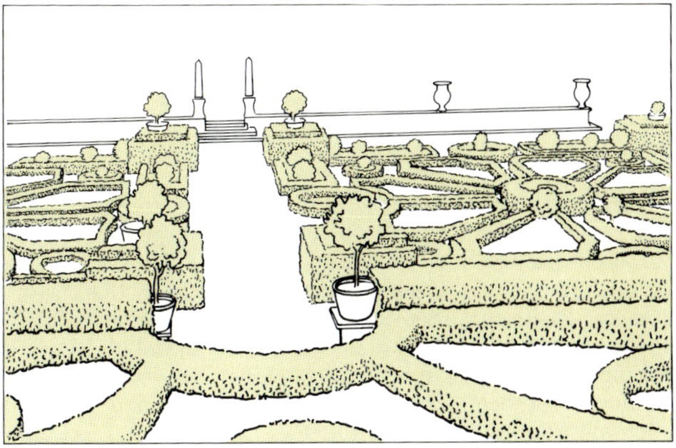

ten ...«. Die Bürger der Städte mußten dagegen ihre Gärten wegen Platzmangels außerhalb der Stadtmauern anlegen. Diese Gärten waren in erster Linie Nutzgärten; die wenigen Blumen dienten wohl als Kirchenschmuck. Wohlhabendere Leute hatten vielleicht einen Obstgarten mit Blumen oder weiter draußen gar ein Landgut. Ästhetik spielte bei diesen Anlagen verständlicherweise noch kaum eine Rolle.

Im Gegensatz dazu hat sich der Bauerngarten auf dem Land reicher und kontinuierlicher entwickelt als die Gärten in oder bei der Stadt. Wir hören in den Liedern der fahrenden Sänger oft von Bauerngärten. Im Garten vor dem Haus trafen sich die Bauern zu geselligen Zwecken, während der Garten hinter dem Haus als Nutzgarten eingerichtet war.

Nachdem die Stadtbefestigungen ihre Bedeutung verloren hatten, konnten die Häuser außerhalb der Stadtmauern von der Straße abgerückt werden. Es gab mehr Platz vor dem Haus und man fing an, diese Flächen in bescheidenem Maße zu bepflanzen. Der Nutzeffekt durfte nicht ganz außer acht gelassen werden, denn die Menschen früherer Epochen waren vielfach auf den Ertrag ihrer Gärten angewiesen.

Den Luxus von Zierpflanzen konnte man sich nur in geringem Maße leisten. Man freute sich an wenigen Blumen. Die Schönheit der einzelnen Pflanze wurde entdeckt, man fand Gefallen an ihrem Duft, ihrem Farben- und Formenreichtum.

Schließlich erwachte das botanische Interesse, es wurden seltene Pflanzen gesammelt, die man wie Kleinodien pflegte. Viele dieser Pflanzen fanden ihren Platz im Vorgarten. Aufwendige Gärten, die hauptsächlich der Zierde dienten, konnten sich aber nur der Adel oder sehr reiche Bürger leisten.

Besonders die Fürsten oder hohe kirchliche Würdenträger legten sich prunkvolle Gartenanlagen um ihre Schlösser an. Ihnen vorgelagert waren oft aufwendige Alleen oder Vorhöfe, die man kaum als Vorgärten bezeichnen kann. Hier wurde in großen Dimensionen gedacht.

Ein Vorgarten ist dagegen mehr etwas kleinräumig Bürgerliches. Die Entwicklung der einzelnen Stilrichtungen ging aber von diesen großen Anlagen aus. Der Bürger betrachtete sie mit ehrfurchtsvoller Bewunderung, konnte jedoch in nur sehr bescheidenem Maß einzelne Elemente auf seinen kleinen Vorgarten übertragen.

Renaissance

Der Renaissancestil entwickelte sich in deutschen Gärten nicht so reich wie in Italien. Vielleicht war der 30jährige Krieg, der damals das Land verwüstete, schuld daran, vielleicht lag es am streng architektonischen Gartenstil, der der Mentalität der Italiener besonders nahestand. Vornehmlich in Norditalien gab es ausgedehnte Schloßanlagen mit prachtvollen Gärten. Hier wurden die äußeren Konturen der Häuser, ihre Vertikalen und Horizontalen sowie der ornamentale Schmuck auf die Gärten übertragen. Große Terrassen wurden angelegt und mit Brunnen, Kaskaden, Statuen und geschnittenen Gehölzen ausgestattet (s. Abb. Seite 11).

Gärten aus dieser Zeit gibt es in Deutschland nur wenige. In Augsburg finden wir eine Siedlung mit 53 Häusern, die Jakob Fugger und sein Neffe ab 1519 an »arme wackere Mitbürger« schenkte und deren Vorgärten noch heute erhalten sind. Es sind einfache Gärten ohne Attribute ihrer Zeit.

Barock

Während der Barockzeit blickte man nach Frankreich. Der Versailler Schloßpark galt als Vorbild für viele im übrigen

Europa entstandenen Anlagen. Der Geist des Absolutismus wird auf den Garten übertragen. Weitläufige, vom Zentrum des Gebäudes ausgehende Achsen demonstrieren den Herrschaftsanspruch des Schloßherren. Die Pflanzen werden in streng geschnittene Formen gezwungen. Daß viele dieser typischen Elemente auch in einem kleinen Vorgarten vorhanden sein können, zeigt ein Stich aus dieser Zeit (s. Abb. Seite 12): Betonung der Mittelachse, strenge Einfassung des Parterres durch eine Hecke und die Gestaltung desselben mit kunstvoll verschlungenen Ornamenten aus Blumen und Buchsbaum, den sogenannten Broderien.

Landschaftsgarten

Bereits in der ersten Hälfte des 18. Jahrhunderts war – von England ausgehend – eine Gegenbewegung zum architektonischen Garten des Barocks entstanden. Man sprach deren Schöpfern das Recht ab, die Natur zu unterjochen. Es ist der Landschaftsgarten, auch »Englischer Garten« genannt, dessen Gestaltungselemente die großen Anlagen des 19. Jahrhunderts prägen. Dieser großzügige Stil konnte das Aussehen eines kleinräumigen Vorgartens nur wenig beeinflussen, dafür kommen hier in dieser Zeit die sogenannten Teppichbeete in Mode.

Der Erfinder dieser von Kunstverständigen so oft geschmähten Teppichbeete war Fürst Pückler, der als einer der genialsten Landschaftsgestalter angesehen werden kann. Als Vorlagen für seine Anlagen ließ er sich sogar von bedeutenden Landschaftsmalern Bilder anfertigen.

Vorgarten mit Teppichbeeten. 1 = Echeveria, Lobelia, 2 = Begonia, 3 = Lobelia, 4 bis 7 = Sträucher, 8 = Rotdorn, 9 = Weißdornhecke.

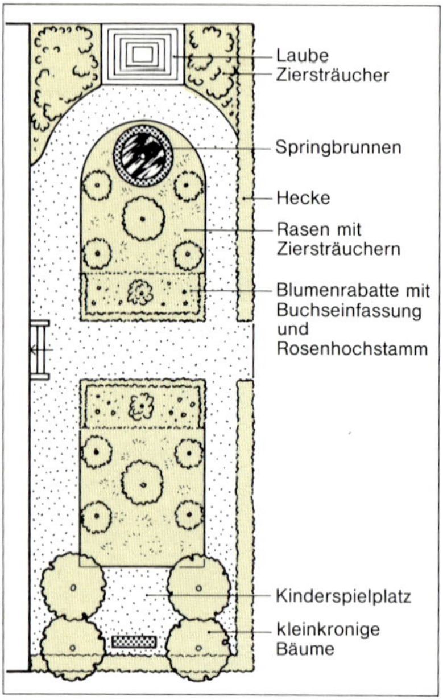

Links: Biedermeier-Vorgarten.

Rechts: »Mit Zwischenraum hindurchzuschaun« bei einem Betonzaun.

Vielleicht wollte dieser exzentrische Mann auch seine Zeitgenossen schokkieren, indem er seine Teppichbeete in Formen von Sternen, Füllhörnern und Blumenkörben im Rasen verstreute.

Diese Beete, ein Überbleibsel des barocken Parterres, müssen aber viele Anhänger gefunden haben, sonst hätten sie sich nicht vereinzelt bis in die heutige Zeit gehalten. Meist rund oder oval, mit einer Palme in der Mitte, werden sie kaum unser Gefallen finden.

Wenn man im »Handbuch der schönen Gartenkunst« von G. Meyer aus dem Jahre 1860 die Richtlinien für die Anlage solcher Beete studiert, erscheint aber eine gefällige Gestaltung durchaus möglich: So sollen »runde Massen« nur bis etwa 2,50 bis 3 m ungeteilt bleiben.

Haben sie einen größeren Durchmesser, so zerlegt man sie in kleinere Formen oder man versieht sie mit Einbuchtungen oder Einschnitten. Damit die Beete sich entsprechend abheben, werden sie erhöht und mit 10 bis 15 cm hohen Rasenböschungen eingefaßt. Die Beete sollen so dicht bepflanzt werden, daß nichts vom Erdreich zu sehen ist, dabei sollen die leuchtendsten und lebendigsten Farben zu den Hauptteilen oder in die Mitte des Arrangements kommen, während die untergeordneten Teile mit milderen Farben versehen werden (s. Abb. Seite 13).

In der Zeit des Historismus finden wir die Teppichbeete im »Gotischen« und »Griechischen« Garten. Hier passen sich die Formen der Beete, wie in der Renaissance, ganz der Architektur an und setzen ihre Elemente fort.

Biedermeier

Der liebenswerte bürgerliche Biedermeierstil um die Mitte des 19. Jahrhunderts ist so richtig geeignet für die Kleinräumigkeit eines Vorgartens: adrette, teilweise mit Buchs eingefaßte Beete, Rosenhochstämmchen mit farbigen Glaskugeln, Obstspaliere und bunte Blumenrabatten. Hier zeigt sich der kultivierte Geschmack dieser Zeit mit seinem Sinn für Proportionen, Formen und Farbzusammenstellungen. Im Garten hinter dem Haus führt meist ein Mittelweg zu einem »Salett«, das als Treffpunkt zu einem gemütlichen Plausch benützt wird (s. Abb. oben).

Gründerzeit

In der zweiten Hälfte des 19. Jahrhunderts verflachen Kultur und Geschmack. Auch der Landschaftsgarten verliert sei-

ne großzügige Form. Die Wege werden eng, verschlungen und ohne Beziehung zum Haus; es ist die Gründerzeit. Das zu Wohlstand gekommene Bürgertum baut sich seine »Paläste« an neu entstandenen Vorgartenstraßen. Wiepking-Jürgensmann beschreibt 1931 diese Gärten in der »Gartenschönheit«: »In kindlicher Freude gehen die glücklichen Hausbesitzer an die Gestaltung ihrer Vorgärten. Niedliche Teiche, sanfte Hügel werden geschaffen. Man lustwandelt auf geschwungenen Wegen. Am Teichrand angeln Zwerge und andere Kunstfiguren, schieben tiefgebückt Lasten auf urtümlichen Karren. Rehe aus Gips stehen im Gebüsch, breite und möglichst bunte Pilze laden zum Sitzen ein. Eine Landschaft mußte es unbedingt sein, wenn auch nur 30 m^2 zur Verfügung standen.«

Wenn diese kleinen Gärten auch unbeschwert von jedem Kunstgefühl geschaffen wurden, so konnte man ihnen eines nicht absprechen: Sie hatten eine Seele. Können wir das heute von unseren pflegeleichten Anlagen sagen? Die Zeit überlebt haben diese Anlagen nicht. Ihre Gestalter haben offenbar nicht mit dem Wachstum der Bäume gerechnet. Das kleine Tännchen, an dem das Rehlein stand, wurde zu einem Riesenbaum, die übrigen Pflanzen haben das ihre dazugetan, sind mit ihren Wurzeln in die Teiche gedrungen und haben alles überwuchert.

Jugendstil und Neuzeit

Nach dieser Übersättigung mit gekünstelten Landschaften mußte eine Gegenbewegung erfolgen. Um die Wende zum 20. Jahrhundert entsteht, von den Architekten ausgehend, ein neuer Gartenstil, in dem die architektonischen Elemente bevorzugt werden. Es war vor allen Dingen Hermann Muthesius, Berlin, der in

Links:
In die Pflanzung eingebundener Holzzaun.

Rechts:
Wie reizvoll kann »Straßenbegleitgrün« sein! Staudenpflanzung vor Zaun und Hecke.

England den modernen Wohngarten kennengelernt hatte und sich nun auf dem Kontinent für die Erneuerung der Gartenplanung einsetzte.

Der Vorgarten wird hier, wenn er sehr schmal ist, zu einem Stück Architektur des Hauses, bei größerer Tiefe wird er zum Empfangsraum. Der ganze Garten bekommt eine enge Beziehung zum Haus. Die Innenräume sollen sich in möglichst idealem Grundriß wiederholen. Die innere Ausstattung mit Gartenmöbeln, Bänken und umrahmenden Hecken lehnt sich an die innere Einrichtung des Hauses. Es ist der heute so beliebte Jugendstil.

Bisher führten die Vorgärten ein Eigenleben. Sie dienten in erster Linie den Gartenbesitzern zur Repräsentation und waren meistens von der Straße abgewandt mit hohen Hecken und Einfriedungen umgeben. Sie ermöglichten dem Vorübergehenden wenig Einblicke. Große, oft überdimensionale Eingangsportale sollten die »Bedeutung« des Eigentümers unterstreichen.

Mit der Entstehung neuerer und volksnaher Siedlungen schon vor Ende des 1. Weltkrieges bekommt der Vorgarten eine andere Bedeutung. Für den Stadtplaner wird er zum Gestaltungselement. In vielen deutschen Großstädten entstehen Wohnsiedlungen mit Vorgärten.

Elemente des Vorgartens

Einfriedungen

»Ein Lattenzaun mit Zwischenraum hindurchzuschaun ...« (Chr. Morgenstern).

Mauer und Zaun sind doppeldeutig: Sie wehren ab und frieden ein, sie schränken ein und schließen aus. Der ländliche Garten wurde durch Einfriedungen gegen Wild und Haustiere geschützt, der städtische vor Einblick und unberechtigtem Zugang. Im Mittelalter galt ein Zaun sogar als Schutz vor Hexen.

Geht man heute durch Wohnsiedlungen der letzten Jahrzehnte mit Reihen- und Einfamilienhäusern, bemerkt man, wie steril moderne Umgrenzungen sind, meist ohne »Zwischenraum hindurchzuschaun«, fast immer ein paar Nummern zu groß und reihenweise gleichartig, weil es die Auflagen der Gemeinden verlangen oder weil jeder es so haben will wie der Nachbar.

Es ist manchmal nur schwer zu verstehen, daß um wenige Quadratmeter Grünfläche, die zudem nie betreten wird, ein Zaun gezogen sein muß, der im Verhältnis zur Größe der Fläche viel zu hoch, zu massiv und zu wuchtig ist. Das kleine Gartenstück wird dadurch optisch noch mehr eingeengt. Die Stimmigkeit zwischen Haus, Vorgarten und Ein-

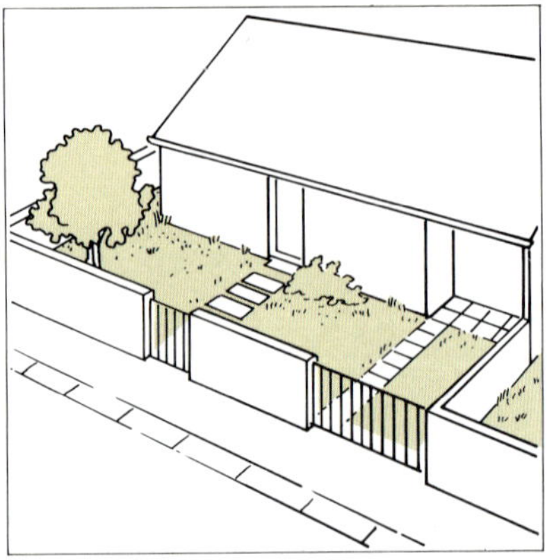

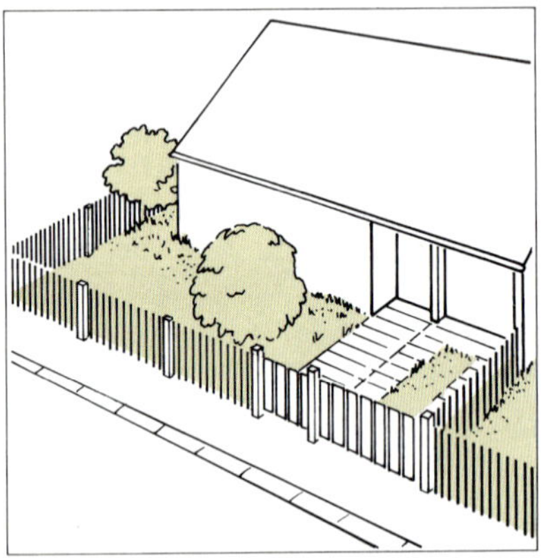

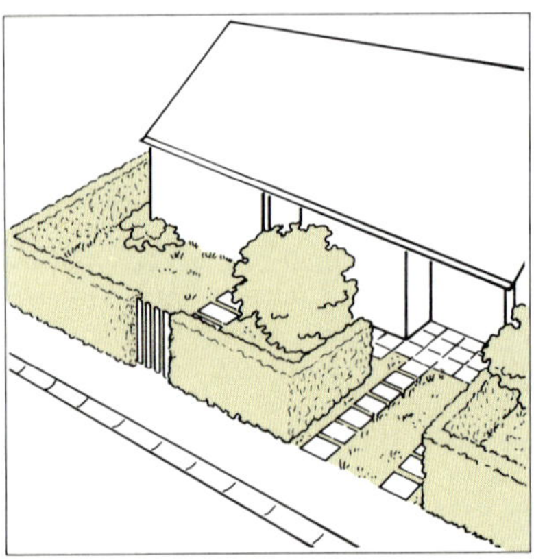

Links: Niedere Mauer, Zaun oder Hecke als Einfriedung (von oben).

Rechts: Leichte Holzkonstruktion inmitten der Pflanzung.

friedung fehlt, der Vorgarten ähnelt mehr einem Laufstall. Sicher haben Mauern und dichte, hohe Hecken am bewohnten Gartenteil ihren Sinn, bei wenig Platz auch geschnittene Hecken, aber eine entsprechende Gartengröße setzen sie voraus. Zu bedenken ist auch die unerwünschte Beschattung der angrenzenden Fläche.

Gegen Einbrecher schützen Zäune selten. Sind die Bretter zu weit auseinander oder ist der Bodenabstand zu groß, schlüpfen die Hunde hindurch. Weggeworfene Zigarettenschachteln und Limobüchsen fliegen sowieso über den Zaun.

Höhe der Einfriedung

Wesentlich für eine Begrenzung des Vorgartens ist immer die Größe des Vorgartens und entsprechend sollte man sie auswählen – oder weglassen. Je kleiner die Grünfläche, desto niedriger die Hecke oder Zaun.

Hohe Einfriedungen ließen sich meist ohne Schwierigkeiten in die Flucht der Häuser versetzen. Sowohl Haus wie auch die Straße gewännen dadurch. Die Fläche vor dem Haus ist ja mehr der nach außen als nach innen orientierte Teil des Gartens, mehr den Vorübergehenden zugewandt als den Bewohnern. Hohe Hecken und Zäune engen den Straßenraum ein, und für den Besitzer wird der Vorgarten dadurch zu einem engen, schattigen Schlauch, mit dem nicht viel anzufangen ist. Für den Passanten ist es andererseits trostlos, an Mauern entlanggehen zu müssen, die höher als Augenhöhe gebaut sind (s. Abb. links).

Pflanzen statt Zäune

Wenn irgend möglich, sollte der gebaute Zaun wegfallen. Grünlaubige oder immergrüne Berberitzen, niedrige Rosen *(Rosa rugosa)* und andere bestachelte, bedornte oder dichtwachsende Gehölze grenzen einen Gartenteil – wenn man ihn unbedingt begrenzen will oder muß – harmonischer ein als jeder Holz- oder Maschendrahtzaun. Sie schützen außerdem sicherer vor Zutritt und Hunden. Einen Maschendrahtzaun kann man in der Pflanzung verschwinden lassen, wenn man ihn von beiden Seiten bepflanzt. Das setzt allerdings eine genügend große Fläche voraus. Auch Holzzäune und Mauern wirken weniger abweisend, wenn sie etwas zurückgenommen und auch zur Straßenseite hin bepflanzt und begrünt werden.

Holzzäune

Ist ein Zaun nicht zu umgehen, sollte er möglichst unauffällig sein und keine komplizierten »Muster« aufweisen (s. Abb. oben). Was dahinter liegt, ist wichtig, nicht der Zaun als Bauwerk. Sicher braucht man mitunter auch einen besonderen Zaun, weil die industriell hergestellten nicht zum Stil des Hauses passen. Ein guter Schreiner arbeitet ihn dann entsprechend dem Entwurf. Die Pfosten sollten niedriger sein als die Zaunfelder. Besser als die heute so oft übliche fast schwarze Holzfarbe ist ein warmes Rehbraun. Man kann Holz auch nur lasieren, dabei bleibt die Schönheit der Maserung erhalten und der Holzzaun wirkt viel lebendiger.

Im bergigen Gelände sollten Zaun oder Mauer in der Höhe übrigens parallel zur Straße in einer Linie verlaufen und nicht abgetreppt werden. Die Begrenzung wirkt dann viel ruhiger und harmonischer.

Hat man einen wenig schönen alten Zaun, der aber noch gut erhalten ist, oder eine reizlose Betonmauer, so sollte man sich an eine Pflanze aus den Schlössern und Gärten der Fürsten erinnern:

den Efeu. Er überwächst mit seinen wintergrünen Blättern häßliche Zäune und Mauern relativ schnell. Man kann sogar Ranken aus dem Wald holen und sich die Pflanzen selbst heranziehen, preiswerte Topfpflanzen gibt es aber auch in der Gärtnerei.

Will man etwas Blühendes, das allerdings jedes Jahr neu gesät werden muß, so kann die Kapuzinerkresse *(Tropaeolum majus)* wahre Wunder vollbringen und selbst von der Fichtenlaus befallene Fichtenhecken in eine blühende Wand verwandeln. Sie wächst ebenso gut auf Mauerkronen und läßt ihre langen blühenden Ranken wie eine Schleppe über die Mauer fallen.

Maschendrahtzäune können im Sommer durch Kletterrosen liebenswert und geradezu prächtig aussehen. Die jungen Ranken zieht man vorsichtig durch die Maschen oder bindet sie daran fest.

An alten Villen, Schlössern und auch an Jugendstilhäusern in der Stadt waren und sind oft schmiedeeiserne Zäune in schlichten bis kunstvollen Mustern zu sehen. Immer paßten sie zum Stil des Hauses, waren in den Proportionen ausgewogen und der Größe der eingeschlossenen Gartenfläche angemessen. Sie haben an diesen Häusern auch heute noch ihre Berechtigung. Man kann sich eine alte Barock- oder Jugendstilfassade nur schlecht zusammen mit dem heute so oft verwendeten Jägerzaun vorstellen. Die alten Formen sollten erhalten und notfalls ergänzt werden.

Hecken

Außer Sichtschutz dient die Hecke auch als Schutz vor den schädlichen Autoabgasen. Ohne Hecke breiten sich die Abgase ungehindert über die Grünflächen aus. Eine nur 1 m hohe und etwa 75 cm breite Hecke halbiert die Bleibelastung der dahinter liegenden Vegetationsfläche. Dies wurde bei Messungen an einer Bundesstraße in der Schweiz festgestellt. Die Luftdurchlässigkeit der grünen Wand filtert die durchstreichende Luft, über niedrige Mauern dagegen wälzt sich die Luft mit allen schädlichen Beimengungen, wie Staub und Abgase, hinweg. Meist sind die Kosten für eine Hecke außerdem niedriger als für einen Holzzaun oder eine Mauer.

Freiwachsende Hecken benötigen mehr Platz als geschnittene, sie bieten aber Vögeln, Kleintieren und Insekten Unterschlupf und Nahrung, besonders wenn beerentragende Gehölze verwendet werden. Zudem mindern laubtragende Gehölze den Lärmpegel meist mehr als Nadelgehölze, zumindest im belaubten Zustand. Der Schutzeffekt

Ein kleiner bepflanzter Wall bietet Schutz vor Einsicht.

»Eingang ins Paradies?« Schmiedeeisernes Törchen und naturnahe Pflanzung.

hängt vorwiegend von der Struktur der Pflanzung ab, weniger von ihrer Pflanztiefe. Im Winter mindert das aus den Baumkronen im Geäst der Sträucher hängende Laub den Straßenlärm.

Bei freiwachsenden Hecken ist der Pflegeaufwand gering. Das Laub bleibt im Herbst liegen, im Schatten der Sträucher können Stauden wachsen, die weniger Licht und Laubfall vertragen. Will man an bestimmten Stellen das ganze Jahr über einen besonderen Sichtschutz, kann man auch Nadelgehölze mitverwenden oder immergrüne Arten wählen. Entscheidend sind Platz, Boden, Klima und Belichtung, um auf Dauer den gewollten Schutz zu bekommen.

Wichtig für die Erhaltung aller gewünschten Funktionen ist das Auslichten. Je schneller ein Strauch wächst, desto öfter muß man die alten Äste entfernen. Man schneidet oder sägt überständige Zweige an der Basis ab, so daß der Strauch seinen natürlichen Wuchs behält und nicht überaltert.

Manchmal könnte man weinen, wenn man den unsachgemäßen »Hausmeisterschnitt« sieht: Ohne Rücksicht auf die Art der Gehölze werden alle auf einer Höhe gestutzt, die jungen Triebe als »Wasserschosse« besonders sorgfältig entfernt, jeder Strauch ein exakter Bubikopf. Jahr für Jahr tritt die Schere in Aktion, dabei wäre eine Baumsäge für die dickeren Äste am Boden sinnvoller. Aber da müßte man sich ja bücken! So wundert man sich nach einiger Zeit, weshalb die Sträucher nicht mehr blühen, kaum größer werden und regelrecht vergreisen. Ihr schönes und charakteristisches Aussehen haben sie sowieso längst verloren und nun werden sie entfernt, weil sie angeblich nicht mehr wachsen. Dabei hat sie der »Gartenfreund« im Lauf der Jahre regelrecht umgebracht.

Wir werden sicher nicht immer auf Mauer oder Zaun verzichten können oder wollen. Rückt aber die Begrenzung zu nahe, so wird man ein Gefühl der Einschränkung, der Eingeschlossenheit bekommen. Lebens-Raum geht verloren.

Eingänge

Die in alten Städten organisch gewachsenen Beziehungen »Haus-Zaun-Pflanze-Straße« sind verlorengegangen. Unseren modernen Straßen fehlt die frühere bauliche Unbekümmertheit, die alte Städte, alte Dörfer und Straßen so reizvoll macht. Auf diesen Straßen und Plätzen setzt man sich vor die Haustür, trinkt Kaffee oder ruht sich aus. In modernen Straßen tut man das selten.

Hier wird man freundlich empfangen.

In der Gründerzeit bis in die ersten Jahrzehnte des 20. Jahrhunderts wurden die Hausfassaden und Vorgärten ornamental gegliedert. Für das Straßenbild waren sie von großem Wert. Gerade auf die Eingangstür legte man ganz großen Wert.

Eingänge sollten mehr sein als nur Öffnungen, die aus der Struktur des Hauses hervorgegangen sind. Sie sollten etwas ahnen lassen vom Geist der Menschen, die hier ein- und ausgehen. Alte Hauseingänge »laden« ein und verschlucken den Ankommenden nicht nur.

An Bauvorschriften gebunden, in Reih und Glied stehen heute die Häuser da, Eingangsbereich und Zugangswege haben nur noch Zubringerfunktion. In der Zeit der Massenproduktion von Fenstern und Türen sind individuelle Anfertigungen heute oft zu teuer. Früher sagte man, Fenster und Türen seien das Gesicht des Hauses, heute nimmt man das genormte Einheitsbild fast nicht mehr wahr.

Mit einfachen Mitteln kann man aber Allerwelts-Eingängen eine persönliche Note geben und sie freundlicher und liebenswürdiger präsentieren. Oft genügt die Verbreiterung eines Weges, Platz

Hauseingang mit Bank.

Variable Pflanzflächen durch Herausnehmen einzelner Platten.

Unten: Betonung des Eingangs durch einen »Hausbaum«.

für eine Bank, schöneres Material für den Wegebelag, um diesen Lebensraum nutzbar zu machen. Eine Kübelpflanze (s. Seite 110), eine hübsch bepflanzte Schale oder ein sich um die Tür rankendes Klettergewächs (s. Seite 59) brauchen wenig Platz. Sie beleben den Eingang und machen ihn unverwechselbar.

Für das Entwicklungsland Peru sind von einer amerikanischen Architektengruppe Häuser für eine Siedlung entworfen worden. Wie hübsch sind die schlichten Eingangslösungen. Sie laden den Menschen nicht nur zum Eintreten, sondern auch zum Verweilen ein. Bemerkenswert ist, daß die vor den Häusern verlegten Platten je nach Bedarf und Wunsch der einzelnen Hausbewohner entfernt und die Flächen begrünt werden können. Eine Idee, die gelegentlich auch bei uns verwirklicht werden sollte (s. Abb. Seite 22 und oben).

Gartenmöbel

Erst mit der Möblierung erfüllen Sitz und Ruheplätze ihren Zweck und Sinn. Im Vorgarten ist es meist die Gartenbank. Sie ist eine Vorbedingung für Ruhe, Besinnlichkeit, Zwiesprache und Geselligkeit, sie sollte aber auch ein Schmuck des Gartens sein. Klare Formen und Bequemlichkeit sind wichtig. Auf Bänken mit Rückenlehne sitzt man besonders angenehm.

Es gibt Ausführungen in sehr widerstandsfähigen Hölzern, die man auch im Winter im Freien stehen lassen kann.

Wege, Stufen, Mauern

Wir müssen bei der Planung berücksichtigen, daß der ganze Garten eine Einheit bilden soll, die bei Verwendung zu vieler verschiedener Materialien zerstört wird. Wenn man nicht von vornherein eine Steinart wählt, sollte man sich auf höchstens 3 Belagarten, die eine Kontrastwirkung haben und doch miteinander harmonieren, beschränken. Welchen Belag, welche Pflaster oder Platten und welches Material man letztlich bevorzugt, hängt vom Geldbeutel und vom Geschmack ab. Zu bedenken ist, daß in den seltensten Fällen Stufen oder Wegbeläge später ausgewechselt werden können. Man sollte deshalb lieber für die beständigen Gartenflächen etwas mehr Geld ausgeben. Man kann dafür versuchen, an anderer Stelle zu sparen, indem man z.B. kleinere Pflanzgrößen für Bäume oder Sträucher wählt, die bei etwas Geduld ja auch zu stattlichen Exemplaren heranwachsen. Die Kosten für die Bepflanzung lassen sich auch auf mehrere Pflanzperioden verteilen.

Materialien

Natursteine sind schön, aber teuer, frostsichere Klinker in verschiedenen Formen und Farben billiger, Betonwerksteine und -platten am preisgünstigen. Man darf getrost sehen, daß Betonplatten verlegt wurden, denn daß der nachempfundene künstliche Travertin, Nagelfluh oder ähnliche Nachbildungen keine echten Natursteine sind, kann man ohnehin nicht verbergen. Einfache Beton- oder Waschbetonplatten kann man etwas aufwerten, indem man sie zusammen mit Natursteinpflaster oder Klinkern in Form von Friesen verlegt bzw. anstelle einer Platte kleinere Flächen pflastert.

Ist die Stufe oder das Podest vor der Haustüre z.B. aus Granit, wird man dieses Material gut auch als Pflaster oder zu Betonplatten verwenden. Ein sauber verlegter Betonplatten-Belag ist sicher schöner als eine mit billigen, kleinformatigen Ausschuß-Bruchsteinplatten zusammengestückelte Fläche.

Fugen

Wir erleben eine Fläche wesentlich durch das Spiel der Fugen. Deshalb sind neben der Wahl des Materials auch Größe und Format der Platten oder Pflastersteine wichtig. Als Regel gilt: je kleiner die Fläche, desto kleiner auch das Stein- oder Plattenformat; je kleiner das For-

Die Pflasterfläche geht ohne Begrenzung in die Pflanzung über.

mat, desto lebhafter ist die Oberflächenstruktur. Mit der Wahl des Materials und der Art der Verlegung kann man optisch vergrößern oder verkleinern. Will man mehr perspektivische Tiefe, z.B. einen Weg optisch etwas verlängern, läßt man durchgehende Fugen senkrecht auf das Haus zulaufen.

Allgemein legt man so, daß die Fugen parallel zum Haus laufen. Die Fugen dürfen aber nicht dominieren, sie müssen im richtigen Verhältnis zu Pflaster und Platte stehen. Das gilt auch dann, wenn man bewußt breitere Abstände wählt, damit Gras oder Moos zwischen den Steinen wachsen kann. Die Fugen werden dann mit einem Sand-Humus-Gemisch eingekehrt und verfüllt. Um Regenwasser oder bei Schnee das Schmelzwasser vom Haus fernzuhalten, gibt man dem Weg ein Gefälle vom Haus weg von 1 bis 3 %.

Schachtdeckel

Die unvermeidlichen Schachtdeckel binden wir, wenn es möglich ist, in den Weg ein. In Pflanzflächen sind sie auffallender und schwerer zu kaschieren als in einer befestigten Fläche.

Durch entsprechendes Versetzen der Wegeführung entstehen manchmal Ekken, in die wir einen Strauch oder Baum pflanzen können. Später glaubt man dann, daß der Weg um die Pflanze herumgeführt wurde und denkt nicht mehr daran, daß der »Umweg« nur eines Schachtdeckels wegen so gelegt wurde.

Die runde Form der üblichen Schachtabdeckungen ist bei rechteckigen Plattenformaten besser mit Kleinstein-Pflaster auszuzwickeln, als durch kompliziert zugeschnittene Platten. Gut gelingt das selten, mit Pflaster ist es immer eine saubere und ordentliche Arbeit.

Wegebreiten

Um bequem zu zweit nebeneinandergehen zu können, genügt eine Wegebreite von 1,20 m. Bei Wegen entlang von Mauern oder Gebäuden sollte man daran denken, daß der Mensch an den Schultern breiter gebaut ist als an den Füßen und nicht unter 80 cm Breite gehen. Es kann sonst nur mühsam am Haus »entlanggeschlichen« werden.

Unterbau

Platten und Pflaster müssen fest und sicher liegen, deshalb ist der Unterbau besonders wichtig, gerade bei so häufig begangenen Flächen wie im Vorgarten. Man unterscheidet 2 Arten des Unterbaus: die armierte Betonplatte und den Kiesunterbau.

Bei der Betonplatte vermeidet man Setzungen und dadurch eventuell nötige Nacharbeiten. Im allgemeinen werden auch auf Beton die Platten in ein Mörtelbett von etwa 3 cm Stärke verlegt und mit Mörtel verfugt. Wichtig ist, daß die Betonplatte schon das nötige Gefälle bekommt und der Stärke des Belagmaterials entsprechend tief genug gelegt wird. Will man in Mörtel verlegen, kann man dünnere Platten nehmen, denn sie müssen nicht durch ihr Eigengewicht fest liegen.

Es ist auch möglich, auf Betonunterbau in Splitt zu verlegen. Das Wasser sickert dann durch die Fugen und läuft auf dem Beton ab. Meist kann man sich

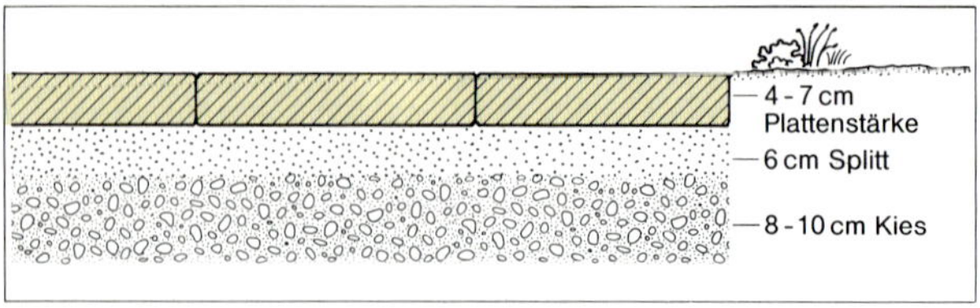

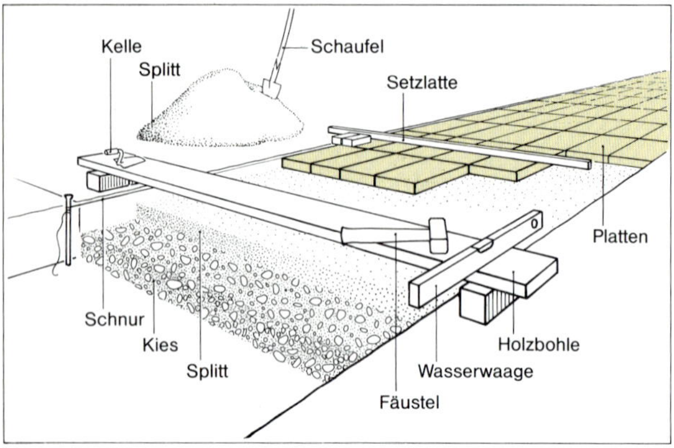

Aufbau eines Plattenweges für Fußgänger.

die erheblichen Kosten für den Beton-Unterbau sparen und wird dafür lieber einen schöneren Belag wählen.

Die Vorteile des Kiesunterbaus (s. Abb. oben) sind die niedrigeren Kosten, der bessere Wasserabzug und die einfache Reparaturmöglichkeit bei Setzungen, späterem Verlegen von Versorgungsleitungen u. ä. Man hebt in solchen Fällen das Pflaster oder die Platten hoch, gleicht mit Kies und Splitt aus und verlegt den Belag wieder wie vorher.

Die Wegeflächen werden entsprechend tief ausgehoben (ausgekoffert). Die Sohle wird mit Stampfer oder Rüttler verdichtet und sollte schon das vorgesehene Gefälle haben. Als Unterbau verwendet man frostsicheren Kies oder Schotter in entsprechender Stärke, den man lageweise ebenfalls verdichtet. Auf diesen Unterbau bringt man ein etwa 5 cm starkes Splitt- oder Sandbett auf, auf das dann Platten oder Pflaster verlegt werden. Bei unregelmäßig dicken Platten ist auf ein sattes Aufliegen zu achten. Mit Latte und Wasserwaage prüft man immer wieder das Gefälle oder spannt eine Schnur in entsprechender, »fertiger« Höhe zur besseren Orientierung (s. Abb. oben). Auf Gehsteige und öffentliche Straßen dürfen wir unsere privaten Flächen nicht entwässern, d. h., daß man bei größeren Zugängen eine Rinne, einen Gully oder zusätzlich ein Weggefälle von der Straße weg vorsehen muß.

Kantensteine als Begrenzung wird man sich meistens sparen können. Größere Platten liegen durch ihr Eigengewicht fest und sicher, d.h. bei sachgerechter Verlegung. Kleinformatige Beläge unterstützt man an den Rändern durch Mörtel- oder Betonkeile, die in der Pflanzung später verschwinden.

Platten

Naturstein. Granit, Porphyr, Quarzit, Gneis, Nagelfluh, in Plattenstärken von

2 bis 5 cm sind hart und schwer zu bearbeiten. Kalk- und Sandsteine, in Plattenstärken von 4 bis 6 cm, sind weicher und besser zu bearbeiten. Sie brechen leichter und müssen deshalb bei Verlegung auf Splitt stärker sein.

Manche Gesteinsarten liegen bereits am natürlichen Standort in plattiger Form geschichtet. Sie werden im Steinbruch so entnommen, wie sie dort lagern. Daraus erklärt sich die unterschiedliche Dicke der Platten. Natursteinplatten werden entweder belassen wie sie sind, oder man sägt die Kanten und erhält dann rechteckige oder quadratische Formen unterschiedlicher Größen. Nagelfluh kommt z. B. nur als fester Fels vor, diese Platten sind auch an der Oberfläche gesägt. Manche Gesteine sind auch auf der Oberfläche sehr uneben, z. B. Gneis; man hat dann beim Aufstellen von Tischen und Stühlen zu tun, daß sie nicht ständig wackeln.

Um keine Enttäuschung zu erleben, sollte man sich in einem Fachbetrieb oder bei einem Landschaftsgärtner fertige Beläge zeigen lassen. Einzelne Musterplatten vermitteln nur mangelhafte Vorstellungen davon, wie die fertig belegte Fläche später aussieht.

Betonplatten. Sie gibt es in vielen Mustern und verschiedenen, aber immer regelmäßigen Formaten. Fast zu häufig verwendet, aber gut zu gebrauchen, ist die Waschbetonplatte, deren Kiesoberfläche als »Naturstein« gut in den Garten paßt. Ihre griffige Oberfläche ist bei Nässe gut zu begehen, während geschliffene Platten leicht rutschig werden.

Es gibt Betonplatten mit verschiedenen aufgepreßten und verschieden bearbeiteten Materialien, auch in unterschiedlichen Farbtönen. Mit Streusalz sollten wir immer sparsam umgehen. Mit der Zeit frißt es sich ein, und bei Waschbetonplatten können sich die Steinchen lösen bzw. geschliffene Platten verlieren ihre charakteristische Oberfläche.

Klinker. In Holland und in den nördlichen Teilen der Bundesrepublik werden frostsichere Klinker schon lange als Wegebelag verwendet, in Süddeutschland seltener. In Oberbayern findet man aber bei alten Bauernhäusern und Kirchen Wege am Gebäude mit quadratischen, kleinen Klinkerplatten belegt, meist gemustert, mit Rillen oder Kuppen zur Erhöhung der Rutschfestigkeit. Auch als Gehsteigbelag kann man diese alten Muster noch finden, z. B. in Wasserburg am Inn. Die alten Formen werden jetzt wieder hergestellt und verwendet, aber auch andere Größen und Formate kann man sich aussuchen. Bei quadratischen oder rechteckigen Klinkern im Backsteinformat sind die Fugen ein wesentliches gestalterisches Element, besonders auf Fußgängerwegen. Bei speziell für Fahrwege entwickelten Formen legt man dicht an dicht, die Steine verzahnen sich und liegen dadurch fest und sicher.

Pflastermaterial

Natursteinpflaster sind Würfel aus Granit, Porphyr, Basalt, Kalkstein usw. Man unterscheidet nach Größen:

Mosaikpflaster	3 bis 7 cm
Kleinsteinpflaster	6 bis 10 cm
Mittelstein	10 bis 12 cm
Großpflaster	12 bis 16 cm

Klinker-Kleinpflaster sind frostsichere Würfel, Größe 6 bis 8 cm, die man gut mit

Beton-Rasengittersteine auf Garagenzufahrt und Pkw-Stellplatz.

größeren Klinkersteinen oder -platten kombinieren kann, wenn man z. B. eine einheitliche Fläche möchte und auf kleinformatiges Pflaster auch bei Klinkern nicht verzichten will. Besonders zum Auszwickeln von Restflächen oder um Schachtdeckel sind sie geeignet.

Betonpflaster. Weil Beton fast beliebig gegossen und gepreßt werden kann, kommen jedes Jahr neue Formen und Farben auf den Markt. Allzu bunt und allzu unruhig sollten wir den Belag nicht wählen. Man sieht sich mit ziemlicher Sicherheit schnell daran satt. Der Weg oder die Zufahrt soll sich ja in das Gesamtkonzept des Gartens einfügen und nicht ein dominierendes Eigengewicht haben.

Immer größere Bedeutung gewannen in den letzten Jahren die Beton-Verbundsteine, besonders geeignet für Garagenzufahrten. Verschiedene Formate, Farben und Steinstärken bieten eine so große Auswahl, daß man sich beim Fachhandel informieren sollte. Immer ist es wichtig, sich eine größere Musterfläche anzuschauen, bevor man sich zur Bestellung entschließt. Einige Mustersteine oder eine kleine Musterfläche vermitteln nicht das endgültige Bild des späteren Belages.

Der Vorteil der Beton-Formsteine: Sie sind preiswert, frostsicher, druck- und rutschfest. Auch Endsteine, die zum jeweiligen Format passen, und ganze Kurvensätze werden angeboten. Mit manchen Steinen lassen sich auch Muster verlegen. Als Alternative sind sie jedenfalls dem Asphalt vorzuziehen. Ein guter und haltbarer Asphaltbelag kostet genausoviel, die Betonsteine sind aber wesentlich haltbarer.

Beton-Buntpflaster sind mit eisenoxidhaltigen Farben ganz durchgefärbte Steine, die in Holland als preiswerterer Ersatz für die dort üblichen echten Klinker für den Straßen- und Wegebau entwikkelt wurden. Der rötliche Ton changiert (schillert) wie bei manchen Klinkern; das ergibt nach der Verlegung einen sehr lebendigen farblichen Effekt. Wichtig ist, daß die auf Paletten gelieferten Steine nicht lageweise, sondern senkrecht entnommen werden, damit die Farbtöne gut gemischt werden.

Im Gegensatz zu älteren Betonfarben setzen diese Steine im Laufe der Zeit etwas Patina an und sind später fast noch schöner als kurz nach der Verlegung. Dieses Buntpflaster gibt es in rechteckigen und quadratischen Formaten und auch in Gelbtönen.

Beton-Rasengittersteine sind Beton-Formsteine mit Löchern, in die Humus verfüllt und Gras gesät wird. Geeignet sind sie für Park- und Stellplätze. Eine gute Wirkung haben sie auch, wenn man eine Garagenzufahrt zwar befestigen, aber trotzdem begrünt haben möchte, aus Kostengründen aber kein Naturstein-Rasenpflaster legen will. Nachteile sind die schlechte Begehbarkeit, besonders mit hochhackigen Damenschuhen und für Kinderfüße. In trokkenen und heißen Sommern erwärmt sich außerdem der Beton so stark, daß das Gras in den Zwischenräumen leicht verbrennt. Die Flächen sollten bei anhaltender Trockenheit gewässert werden.

Klinker-Rasengittersteine gibt es auch, hier ist die Verbrennungsgefahr geringer, denn das Material heizt sich nicht so stark auf wie Beton.

Holzpflaster

Dieser Belag ist zwar recht dekorativ, für vielbegangene Wege aber nicht so sehr geeignet.

Rundholzpflaster sind verschieden große runde Abschnitte, die man in Sand oder Splitt verlegt. Die auch bei sorgfältiger Verarbeitung sich ergebenden Zwischenräume sind aber immer verhältnismäßig groß und werden auch bei guter Verdichtung immer tiefer liegen als das Holz.

Kantholzpflaster besteht aus rechteckigen Holzabschnitten, die eng verlegt und besser begehbar sind. Auch aus entsprechend zersägten alten Eisenbahnschwellen kann man Kantholzpflaster bekommen. Auf jeden Fall muß das Material kesseldruckimprägniert sein. Weichholz ist nicht sehr haltbar und Hartholz ist teuer. Sicher gibt es aber auch für Holzpflaster Verwendung, z. B. als Terrassenbelag an einem ländlichen Haus.

Wassergebundene Decke. Auf den frostsicheren Unterbau wird unter Zusatz von Wasser bindiges Material in mehreren Schichten aufgebracht und gewalzt. Die bindigen Bestandteile verkleben das Gesteinsgerüst. Örtlich verschieden verwendet man dazu Kalkstein, Ziegelmehl, Haldenasche, Quetschsand u. ä. Eingefaßt mit seitlich je einer Zeile aus Großpflastersteinen ergibt sich eine sehr natürliche Wegedecke, die gut zum ländlichen Garten paßt.

Verlegearten bei Platten

Polygonaler (unregelmäßiger) Verband. Es werden Natursteinplatten in unterschiedlicher Größe, Form und Stärke verwendet, so wie sie aus dem Steinbruch kommen. Um ein schönes Fugenbild zu erreichen, braucht man mehr Zeit und mehr Material als bei rechteckigen oder quadratischen Formaten. Wir müssen deshalb immer ⅓ mehr Platten bestellen, als wir für die Fläche benötigen.

Legt man in Splitt und nicht auf ein Mörtelbett, so sollte die Mindestgröße einer Platte nicht unter 0,10 m^2 liegen, also die Maße von etwa 30×35 cm nicht unterschreiten. Kleinere Platten liegen nicht fest auf und wackeln später.

Oft werden unregelmäßige Platten im Mörtelbett verlegt. Meistens sind dann die Fugen im Verhältnis zu den – oft günstig angebotenen – Ausschußsteinen viel zu breit. Je kleiner das Material, desto enger sollten die Fugen sein.

Regelmäßige Verbände

Bei dieser Verlegeart gibt es mehrere Varianten, z.B. Verlegung in Bahnen, Kreuzverband und Römischen Verband.

Die Verlegung in Bahnen ist für Naturstein- und Betonplatten geeignet. Platten in gleicher Breite werden mit einer durchgehenden Längsfuge verlegt, die Stoßfugen dürfen sich aber nicht kreuzen. Man kann gleichbreite Bahnen verwenden, kann aber auch mit der Breite wechseln und erhält dadurch verschieden große Bänder. Alle Fugen sollen gleich breit sein.

Was man sonst vermeiden sollte, nämlich sich kreuzende Fugen, wird beim Kreuzverband als gestalterisches Element verwendet. Gleichgroße, meist quadratische Platten verlegt man so, daß durchgehende „sich kreuzende" Fugen entstehen. Hier muß man besonders exakt verlegen, die Fugen müssen schnurgerade verlaufen. Lebendiger wirken Beläge mit versetzten Fugen.

Beim Römischen Verband (s. Abb. Seite 31 Mitte) werden rechtwinklige, verschieden große Platten so verlegt, daß keine durchlaufende Fuge länger als 2 m ist und keine Kreuzfuge entsteht. Die

Links: Bahnschwellen als Treppe und zum Abfangen des Hanges.

Rechts: Beispiele für die Verwendung von Betonplatten und Natursteinpflaster.

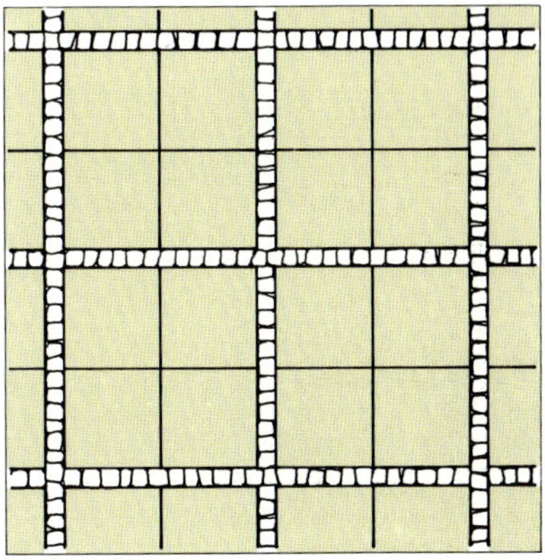

Platten werden sowohl längs als auch quer verlegt. Auch hier müssen alle Fugen die gleiche Breite haben.

Verlegearten bei Pflaster

Natursteinpflaster aus quadratischen Würfeln bietet vielerlei Verlegemöglichkeiten. Man kann mit schmalen Fugen (1 bis 2 cm) oder mit breiteren (3 bis 5 cm) pflastern. Die breiten Fugen verfüllt man mit Humus und sät Gras an. Sinnvoll ist dieses Rasenpflaster nur mit großen Steinen, kleine überwachsen und sind bald nicht mehr zu sehen. Wir können verschiedenfarbige Steine kombinieren, Bögen oder Reihen wählen, Kreise einbauen usw. Mit Pflaster ist man nicht an eine rechtwinklige Wegeführung gebunden. Hübsch sieht eine seitliche Begrenzung mit Großpflasterzeilen aus.

Für Klinkerpflaster gilt das gleiche. Bei Betonsteinen kommt es auf das Format an, ob Muster vorgegeben oder variabel sind.

Kombinierte Platten-Pflaster-Verlegung. Will man einen Wegebelag beleben, kann man Platten und Pflaster gut zusammen verwenden. Oft ist es schwierig, mit rechteckigen Platten oder Klinkersteinen eine gefällige Biegung in einen Wegeverlauf zu bringen. Mit der Pflasterung eines Zwickels geht es ganz gut, ohne große Fugen und ohne Schneiden der Platten. Mit Natursteinpflaster kann man jeden bescheidenen Betonplattenbelag aufwerten, sei es durch einzelne Würfel oder Friese, sei es durch Weglassen einiger Platten und dafür auspflastern dieser Flächen, die man unregelmäßig über die Gesamtfläche verteilt.

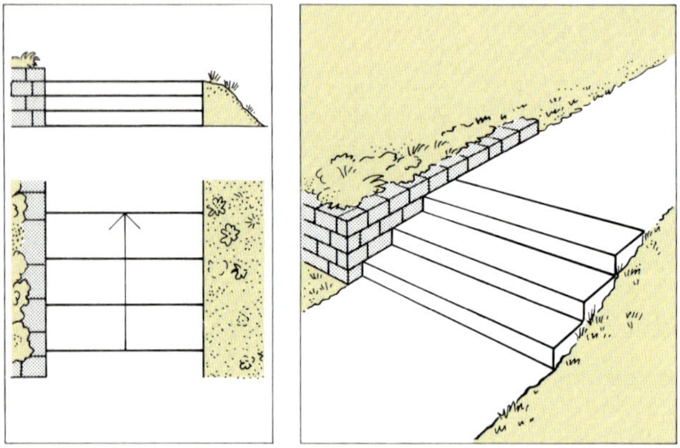

Treppe mit einseitiger Mauerbegrenzung.

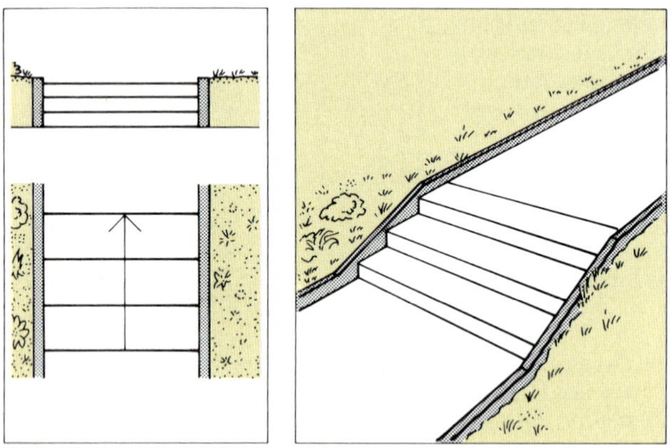

Treppe mit Bordsteinbegrenzung.

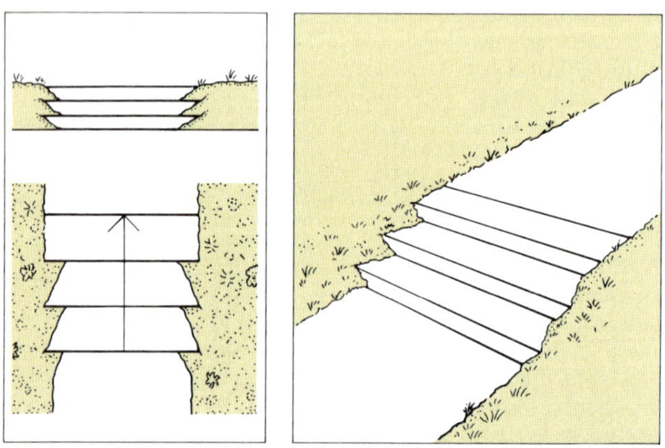

Ohne seitliche Begrenzung fügt sich eine Treppe gut in das Gelände ein.

Stufen aus Karlsruher Gartensteinen.

Treppen

Um Höhenunterschiede zu überwinden, werden Treppen gebraucht. Wege mit größerem Gefälle werden leicht zu Rutschbahnen im Winter bei Schnee und Eis. Werden Rampen für Kinderwagen oder Rollstühle gebraucht, so sollten nach Möglichkeit daneben Stufen gebaut werden. Im Garten wählen wir flache Stufen, sie sehen eleganter aus und sind, auch bei längeren Treppenläufen, sehr viel bequemer begehbar (s. Abb. Seite 32).

Eine Faustzahl sagt: doppelte Steighöhe + Auftrittsbreite = eine mittlere Schrittlänge. Diese mittlere Schrittlänge beträgt 65 cm. Eine Stufenhöhe von 12,5 cm mit einer Auftrittsbreite von 40 cm ergibt: 2 × 12,5 cm + 40 cm = 65 cm. Alle Stufen einer Treppe müssen exakt die gleiche Steighöhe haben. 15 cm Stufenhöhe ist für Außenanlagen schon fast zu steil, darüber sollte man auf gar keinen Fall gehen, wir wollen ja keine Kellertreppe.

Um den Höhenunterschied festzustellen, schlägt man am Fuß der späteren Treppe senkrecht eine Latte in den Boden. Vom oberen Treppenende spannt man mit Hilfe der Wasserwaage waagerecht eine Schnur zur Latte und mißt nun von deren Fuß bis zur Schnur, das ergibt dann den Höhenunterschied. Beträgt dieser z. B. 37,5 cm, müssen 3 Stufen eingebaut werden. Bei einer Auftrittsbreite der einzelnen Stufen von 40 cm wird die Treppe 1,20 m lang. Reicht das vorhandene Gelände nicht aus oder ist der Hang zu steil, legt man die Stufen schräg in die Böschung.

Außer bei einem Podest vor der Haustür ist es immer besser, 2 flache als 1 steile Stufe vorzusehen. Eine einzelne Stufe wird leicht übersehen und zur Stolperstufe. Um sie auffälliger zu machen, kann man für sie ein vom Wegebelag abstechendes Material nehmen und sie seitlich auffallend bepflanzen.

Haben wir eine längere Treppe, sollten wir einen oder mehrere Absätze zum Ausruhen einplanen. Hier gilt die Faustzahl: 1 oder mehrere Schrittlängen + Auftrittsbreite der Stufe (z. B. 2 × 65 cm + 40 cm). Bei jeder einzelnen Stufe bekommt der Auftritt ein leichtes Gefälle (etwa 1 bis 2 %) zur Vorderkante hin, damit das Wasser ablaufen kann und nicht stehen bleibt.

Bei mehreren Stufen sollte die unterste auf ein durchgehendes Betonfundament gesetzt werden, um den Druck der darüberliegenden besser auffangen zu können.

Unten:
Schematischer Aufbau einer Treppe aus U-Steinen.

Rechts: Hübsch, wenn die preiswerten Gittersteine ganz in der Pflanzung verschwinden.

Stufenarten

Blockstufen. Hier ist die einzelne Stufe passend in der Höhe und Auftrittsbreite aus einem Stück, aus Naturstein oder Beton mit unterschiedlicher Oberflächenstruktur und Bearbeitung.

Legstufen. Sie bestehen aus 5 bis 8 cm starken Stufenplatten als Auftrittsfläche, die erforderliche Stufenhöhe wird durch Unterlegen mit Steinen oder Plattenstücken erreicht.

Immer sollte die Vorderkante der Auftrittsplatten gebrochen und sauber bearbeitet sein. Bei Legstufen aus Betonplatten müssen diese Vorderkanten durchgefärbt sein, falls man farbiges Material wählt. Es gibt serienmäßig hergestellte Stufenplatten, die diese Anforderung erfüllen.

Stellstufen. Sie bestehen aus senkrecht eingebauten, quer zur Wegeachse stehenden Natur- oder Betonsteinen, die mindestens 6 cm breit sein sollten. Wir bauen sie doppelt so tief ein wie die Stufe hoch sein soll. Meistens versieht man sie auf der Rückseite mit einem sogenannten Streifenfundament aus Beton, um ihnen einen besseren Halt zu geben. Die Auftrittsfläche wird dann bündig zum Stellstein gepflastert.

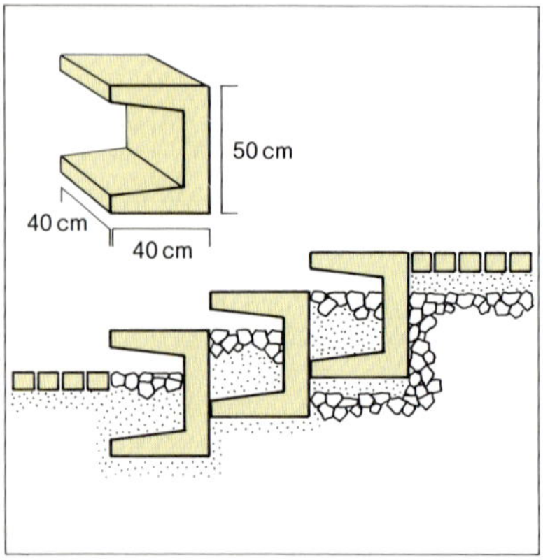

Winkelstufen. Die winkelförmigen Beton-Elemente besitzen durch ihren Fuß eine breite Auflagefläche. Durch das Gewicht der Erde und der Befestigung der Auftrittsfläche können sie nicht nach vorn kippen.

U-Steine oder „Karlsruher Gartenstein“. Es ist ein vielseitig verwendbarer Stein, als Treppe, als Stützmauer und als Sitzmäuerchen leicht zu versetzen. Bei Stufen kann die Auftrittshöhe beliebig angepaßt werden (s. Abb. unten).

Klinkerstufen. Bei der Verwendung von Klinkern kommt man um die Verlegung in Beton nicht herum. Die einzelnen Steine haben eine zu geringe Größe und zu wenig Eigengewicht. Möglich ist die Verwendung als Pflasterung oder zur Belegung von Stellstufen. Der Auftritt kann hier in Splittverlegung ausgeführt werden.

Holzstufen. Man kann dazu gebrauchte Schwellenstücke oder Kanthölzer in entsprechender Stärke verwenden. Sie werden wie Blockstufen verlegt. Meist braucht man keine Haltepfähle, denn die Holzabschnitte sind recht schwer. Alte Eisenbahnschwellen halten sehr lange, Kanthölzer sollten unbedingt kesseldruckimprägniert sein (s. Abb. Seite 30).

Mauern

Vor dem Bau von Mauern sollte man sich unbedingt bei der zuständigen Gemeindeverwaltung vergewissern, ob dies

gestattet ist. Im allgemeinen sind Mauern bis zu 1 m Höhe ohne Genehmigung erlaubt, an manchen Straßenzügen aber trotzdem verboten.

Höhere Mauern sollten wir uns vom Fachmann erstellen lassen. Mangelnde Genauigkeit und fehlende handwerkliche Kenntnisse sind ein hohes Sicherheitsrisiko. Außerdem braucht man oft viel zusätzliches Material, das den Mauerbau verteuert, wenn man es extra kaufen muß.

Freistehende Mauern. Früher hat man mit Gartenmauern oft das ganze Grundstück begrenzt. Meist waren es Natursteinmauern, die wegen der hohen Kosten heute nur noch selten gebaut werden.

Auch niedere freistehende Mauern sind für den kleineren Vorgarten häufig zu wuchtig, sie engen zu sehr ein. Will man nicht darauf verzichten, so sollte die Mauer unbedingt an einem Gebäude, an Haus oder Garage, angebunden werden. Mit einem Mäuerchen, das im Nichts beginnt und endet, wird man keine gute Verbindung mit der Umgebung erreichen.

Stütz- und Futtermauern. Diese Mauern haben nur eine Sichtfläche. Mit Futtermauern fängt man das bestehende Gelände ab, bei Stützmauern „stützen" wir den hinterfüllten Boden. Hier wird erst die Mauer gebaut und danach das Erdreich auf die entsprechende Höhe angeschüttet. Höhere Mauern sollte man sich statisch berechnen lassen.

Vorteilhaft ist eine Dosierung, ein etwa 10%iger Anlauf, d.h., daß die Mauer am Fuß breiter ist als an der Mauerkrone. Am Fundament sollte sie ⅓ der Mauerhöhe stark sein. Je nach vorhandenem Untergrund braucht man ein mehr oder weniger tiefes Fundament. Es sollte bis zum »gewachsenen« Boden reichen, nicht im aufgefüllten Material sein und Frosttiefe, d.h. 60 bis 80 cm Tiefe haben.

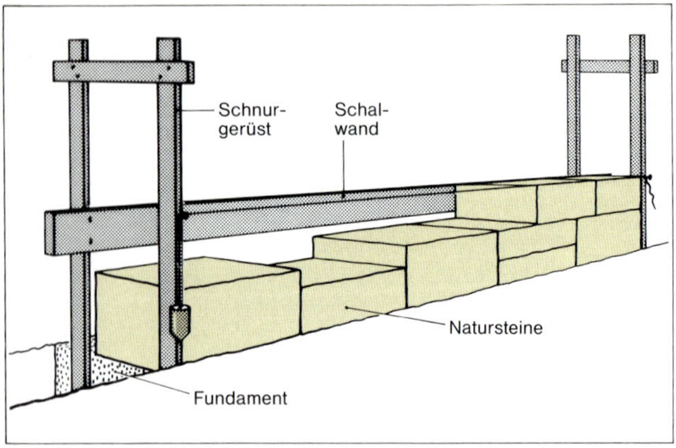

Hinterbetonierte Mauer.

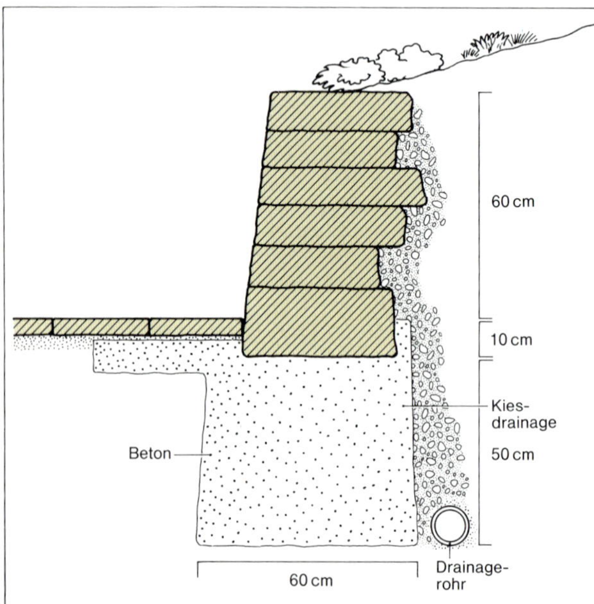

Trockenmauer mit Anlauf.

Hinterbetonierte Mauer. Man kann heute viele Gesteinsarten als Material für Gartenmauern bekommen. In den Steinbrüchen fallen oft kleinere Steine mit geringer Einbandtiefe an. Diese Steine, allein verbaut, ergeben keine stabile Mauer. Wir müssen sie mit Beton verstärken.

Gegen das Erdreich verschalt man den Beton und gibt ihm einen Isolieranstrich, damit das Wasser nicht ins Mauerwerk eindringen kann. Um gefährliche Wasseransammlungen hinter der Mauer zu vermeiden, bringen wir eine Drainageschicht aus Grobkies zwischen Erdreich und Beton ein. Auch eine Abflußmöglichkeit des Wassers am Mauerfuß sollte nicht fehlen. Wir sehen Mauerschlitze vor, die durch die gesamte Mauer reichen.

Trockenmauern. Sie werden ohne Mörtelverbindung aufgeführt, die einzelnen Steine müssen deshalb eine möglichst große Einbandtiefe haben. In Abständen sollten mindestens in jeder Lagerschicht besonders tiefreichende Steine als Ankersteine eingebaut werden, um die Standfestigkeit zu erhöhen. Auch ein Fundament erhöht diese auf jeden Fall, ebenso eine Drainage mit Drainagerohr und eine Hinterfüllung mit Kies zum schnellen Wasserabzug. Jede Schicht Steine wird sorgfältig hinterfüllt und geprüft, ob alle Steine fest liegen.

Günstig ist bei dieser Mauerart die Neigung zum Hang, der Anlauf. Will man die Mauer mit Polsterstauden begrünen, pflanzt man sie zugleich mit dem Bau der Mauer. Später ist es nur sehr schwer möglich (s. Abb. Seite 36).

Kostengünstig wegen des kürzeren Transportes ist das in der jeweiligen Gegend vorkommende Material.

Zyklopenmauerwerk. Mit rundlichen, abgeschliffenen Steinen kann man eine Abart der Bruchsteinmauer bauen. Um ein befriedigendes Ergebnis zu erzielen, braucht man aber sehr viel Gefühl und Einfühlungsvermögen.

Lagerhafte Mauern. Bruchsteine sind wenig oder gar nicht bearbeitete Steine. Für lagerhaftes Mauerwerk benötigen wir aber vom Steinmetz bearbeitete Einzelsteine. Sie werden am besten in verschieden starken Schichten mit durchgehender Längsfuge gebaut; dies ergibt das sogenannte Schichtmauerwerk.

Fertigteilmauern. Die Betonindustrie bietet auch hier verschiedene Bauteile an, die für Mauern Verwendung finden können. Der Winkelstein oder „Stuttgarter Mauerscheibe“ ist ein Beispiel. Es sind vorgefertigte, verschieden große Platten mit abgewinkeltem Fuß. Sie werden auf ein verdichtetes Fundament, das nicht zwingend frostsicher sein muß, gestellt und hinterfüllt. Das auf dem Bodenwinkel lagernde Erdreich hält die Platten fest. Bei größeren Formsteinen wird durch angebrachte Ösen ein Baustahlteil gezogen, so daß die Teile untereinander fest verbunden sind. Allerdings sind größere Fertigteile so schwer, daß sie nur mit Kran oder sonst maschinell eingebracht werden können.

Mit den schon erwähnten U-Steinen tut man sich damit leichter. Mit ihnen kann man auch eine bepflanzte Mauer bauen, sei es als Trennmauer oder als bepflanzter Trog.

Im Vorgarten werden, außer im steilen Gelände, meist kleinere Stützmauern genügen, um das höher gelegene Grundstück gegen die Straße hin zu befestigen. Oft genügt ein hoch gesetzter Bordstein. Ist eine niedere Stützmauer erforderlich, kann oft auf einen Zaun auf der Mauerkrone verzichtet werden, wenn man eine entsprechende Bepflanzung vorsieht.

Beleuchtung

Ohne Elektrizität, ohne elektrisches Licht ist unser Leben heute nicht denkbar. Die Dunkelheit ist für uns moderne Menschen nicht mehr geheimnisvoll, sondern eher beängstigend, besonders außerhalb unserer vier Wände. Für uns

ist Licht in der Nacht eine Art Unfallversicherung. Straßenlampen lassen uns gefahrlos nach Hause finden, »lichtscheues Gesindel« wird vertrieben. Früher wurde der Weg mit Windlichtern und Fackeln ausgeleuchtet, heute betätigen wir den Lichtschalter.

Gerade im Vorgarten ist deshalb eine zweckmäßige Beleuchtung sehr wichtig. Wer sucht schon gern in der Dunkelheit Hausnummer oder Schlüsselloch? Und stürzt ein Besucher im Vorgarten über eine schlecht oder nicht beleuchtete Treppe, droht Schadenersatz. Ein freundlich und hell beleuchteter Eingangsbereich wirkt dagegen einladend auf Bewohner und Besucher und hält unliebsame Gäste, die nichts Gutes im Schilde führen, fern.

Planung

Am einfachsten ist es, die Installationen vor der Anlage des Gartens zu planen und die nötigen Leitungen vor der Gartengestaltung zu verlegen. Dazu gehören auch Sprechanlage, Türöffner und Klingel. Aber auch in einem schon viele Jahre fertigen Garten kann man noch elektrische Leitungen verlegen. Manche Arbeiten kann der Gartenbesitzer zwar selbst ausführen, den Anschluß der Leuchten und Lampen muß man aus Sicherheitsgründen einem Elektriker überlassen. Bei unsachgemäßem Einbau können sonst folgenschwere Fehler unterlaufen.

Die Leuchten müssen nicht in regelmäßigen Abständen stehen, und wir sollten nicht zu viele vorsehen, denn ein Garten ist keine Straße. Liegen keine Gefahrenstellen wie Eingänge, Stufen oder Wegeabzweigungen, die besonderer Markierung bedürfen, dazwischen, genügt meist ein Abstand von 8 bis 10 m zwischen den einzelnen Lichtquellen. Bei Treppen setzt man die Leuchte stets an die unterste Stufe, an den Treppen-

Links: Schwarzgefärbte Aluminium-Wand-Leuchte.

Rechts: Ortsveränderliche Leuchte mit Erdspieß.

fuß; dadurch werden Blendwirkungen ausgeschaltet. Längere Treppenläufe benötigen entsprechend mehr Licht.

Ortsveränderliche Lampen und Gartensteckdosen

Wir unterscheiden zwischen ortsfesten und ortsveränderlichen Lampen. Für das Aufstellen der beweglichen Leuchten braucht man keinen Elektriker. Die meist mit einem Erdspieß an Stelle eines Fundaments versehenen Strahler werden einfach in die Erde gesteckt. Das dazugehörige wetterfeste Bodenkabel versteckt man oberirdisch zwischen den Pflanzen und führt es zu einer Steckdose (s. Abb. Seite 38 links).

Die Außensteckdose kann am Haus montiert sein oder im Garten liegen. Es gibt für diesen Zweck spezielle Gartensteckdosen, die besonders gut isoliert sind. Besondere Kabel sind allerdings notwendig; die Verlängerungsschnur von Bügeleisen oder Stehlampe ist nicht geeignet.

Ortsfeste Lampen

Ortsfeste Lampen haben ein Fundament und die Leitungen liegen im Boden.

Man kann für das Fundament entweder ein Betonrohr eingraben, das mit Beton ausgegossen wird, oder eine Brettschalung vorsehen. Die Fundamentoberkante liegt einige Zentimeter unter der Erdoberfläche und sollte später nicht sichtbar sein. Man schrägt sie deshalb etwas ab. Zu manchen Leuchten gibt es schon vom Hersteller fertige Erdstücke, auf die die Leuchten aufgeschraubt werden. Bei schweren Böden kann man hier auf Einbetonieren verzichten, es genügt das Eingraben. Sind diese Arbeiten getan, braucht der Elektriker nur noch die Leuchten und Schalter an die Kabelenden anzuschließen.

Wird bei der Verlegung elektrischer Leitungen ein Weg »unterfahren«, ist das Einlegen eines Leerrohrs, z. B. aus Hartplastik, im Graben praktisch. Man kann den Graben sofort verfüllen und führt die Leitungen später durch das Rohr.

Lampen und Leuchten

Die Definition: »Die Leuchte ist das Gerät, das der Stromversorgung und dem Halt der Lichtquelle dient. Die Lampe ist die künstliche Lichtquelle.« Das ist die Glühbirne, die Leuchtstoffröhre oder ähnliches.

Glühbirnen eignen sich nicht so gut zum Ausleuchten einer größeren Fläche. Ihre Lichtausbeute ist gering, die Lichtfarbe warm. Besser bringen Leuchtstoffröhren die nötige Helligkeit in den Garten. Hier kann man zwischen warmen und kalten Lichtfarben wählen. Bei Strahlern mit Reflektorlampen sollte man solche mit Preßglaskolben nehmen. Geblasene Glaskolben können bei Temperaturschwankungen platzen, z. B. bei Regen. Strahler mit Halogenlampen sind sehr hell, ihr Licht ist zum Vertreiben von Einbrechern sicher nützlich, erinnert aber an beleuchtete Baustellen.

Alle Leuchten müssen wetterfest sein. Es gibt sie in vielerlei Materialien.

Das Glas der Leuchten kann unterschiedlich sein. Klares oder milchig eingefärbtes Opalglas verfälscht die Farben der Pflanzen nicht und ist bräunlich gefärbtem vorzuziehen.

Links: Mülltonnenplatz mit Kantholz-palisaden

Unten: Das bleibt oft übrig vom Vorgarten, wenn alle »Ansprüche« befriedigt sind!

Wand- und Deckenleuchten kann man am Haus, an der Garage und – bei entsprechender Auflagemöglichkeit – sogar an Ecken anbringen (s. Abb. Seite 38). Niedere Lampen werden auch auf Torsäulen oder Mauern montiert. Bis zu einer Höhe von 1 m haben sie den Vorteil, daß bei nur nach unten strahlenden Modellen keine Blendwirkung entsteht, falls sie ebenerdig aufgestellt werden. Sie leuchten gut aus und benötigen keine sehr starke Lichtquelle. Je höher der Lampenfuß, der Pfeiler oder Ständer, desto weiter reicht der beleuchtete Raum.

Die Wahl der Leuchterform bleibt dem persönlichen Geschmack überlassen. Zu bedenken ist, daß die Beleuchtung im Garten eine untergeordnete Bedeutung hat, im Gegensatz zur Wohnung. Die Lampenform soll zu Haus und Garten passen. Bei der Installation der Außenleuchten ist es auch wichtig, einen Schalter einzuplanen, mit dem man das Licht auch außerhalb der Wohnung, z. B. am Gartentor, ein- und ausschalten kann. Sonst sucht man trotz perfekter Anordnung der schönsten Leuchten in der Dunkelheit wieder nach dem Schlüsselloch.

Mülltonnen

Zur »technischen Entsorgung« des Hausmülls gehört die Mülltonne. Sie ist eine – unschöne – Notwendigkeit, die meist nur schwierig zu integrieren ist. Sowohl vom Haus als auch von der Straße her soll sie gut erreichbar sein, andererseits aber möglichst versteckt sein. Dem Standort ist große Bedeutung zuzumessen, denn bei ungünstiger Anordnung wird man mit erheblichen Störungen rechnen müssen: Verschmutzung der direkten Umgebung durch herabfallenden Abfall, übler Geruch und Lärm sind die häufigsten Belästigungen. Nach Möglichkeit sollten die Tonnen schon in die Architektur mit einbezogen

Verschiedene Möglichkeiten, wie man Mülltonnen integrieren kann.

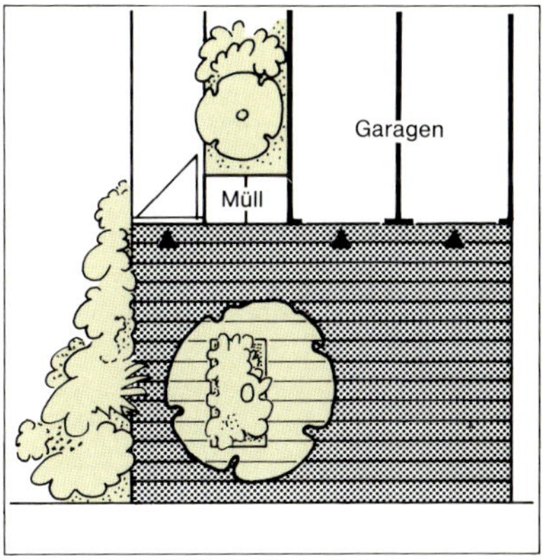

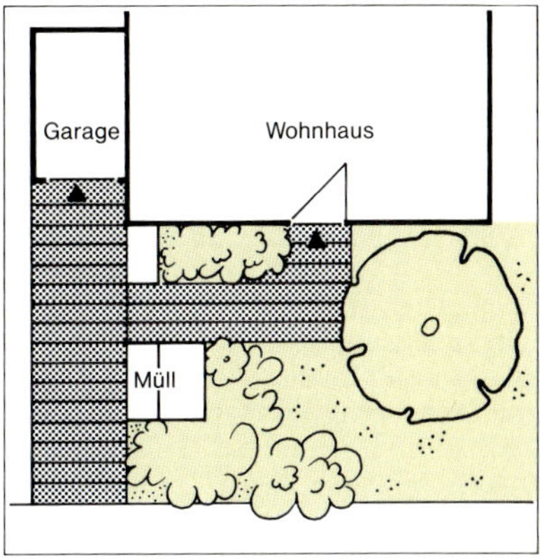

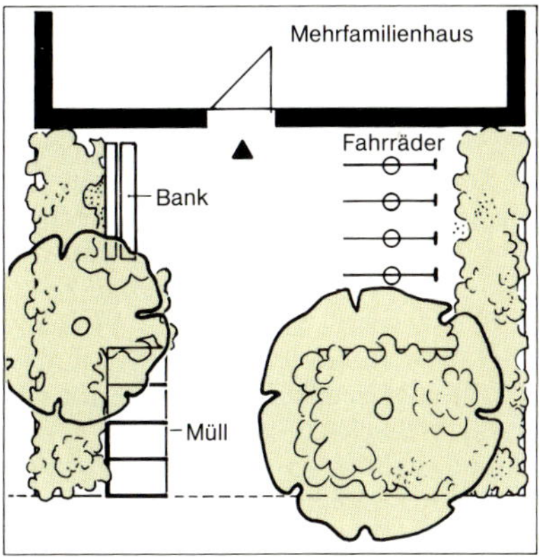

werden, z. B. durch Einbau in Stütz- und Gartenmauern oder in Verbindung mit Garagen usw.

Mülltonnenschränke, wie sie die Beton-Industrie anbietet, verdecken zwar die Tonnen, sind aber im Grunde noch auffälliger. Oft stehen sie wie steinerne Monumente oder Freiluftaltäre vor den Gebäuden. Wir sollten auf jeden Fall versuchen, sie in die Gartengestaltung einzubeziehen, sie zu begrünen, vor Einsicht zu schützen und dadurch unauffälliger zu machen. Hinter einer Einfassung von senkrecht gestellten Kantholz-Palisaden kann man sie beispielsweise verschwinden lassen. Holz wirkt nicht so hart und auffällig wie Sicht- und Waschbeton (s. Abb. Seite 40 oben).

Auf alle Fälle muß man zur Umpflanzung der Mülltonnen-Abstellplätze Sträucher wählen, die höher wachsen als die Behälter. Wählt man zu kleinwüchsige Gehölze, werden die Kästen immer dominieren. Je höher die Bepflanzung, desto niederer und unauffälliger erscheinen die Tonnenhäuschen. Geeignet sind besonders wintergrüne Gehölze oder Nadelhölzer, die zumindest seitlich die unschönen Wände verdecken können, und das in jeder Jahreszeit.

Bepflanzung

Wenn wir an einen Garten denken, haben wir zunächst nur Pflanzen mit ihren Farben und den vielfältigen Formen ihrer Blätter und Blüten vor Augen. Manch einer in der Kindheit erlebten Pflanze gehört unsere Sympathie während des ganzen Lebens. Besonders ans Herz wachsen uns Pflanzen, die mit uns

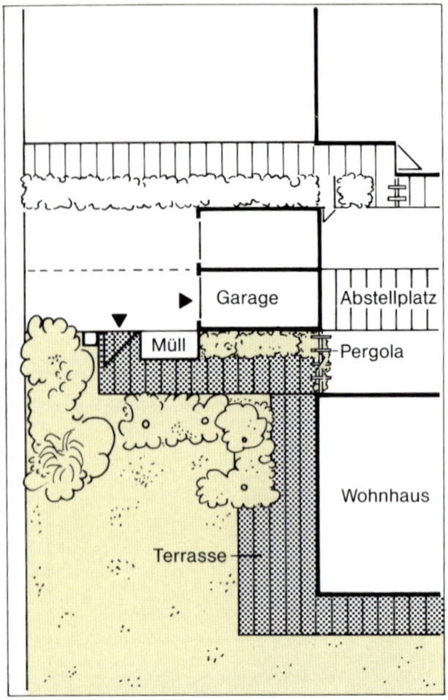

Links: Mülltonnenschrank in Verbindung mit Gartentor und Garage.

Rechts: In Form und Farbe gut aufeinander abgestimmte Bepflanzung.

leben, deren Entwicklung wir verfolgen. Wir freuen uns auf das Austreiben der Blätter im Frühjahr, bewundern Blüten und Duft, verfolgen Herbstfärbung und Blattfall und betrachten im Winter das malerische kahle Geäst. Der Jahreszeitenwechsel sollte viel bewußter erlebt werden. Kein immergrünes Gewächs bringt so viel Abwechslung im Jahresverlauf wie ein laubabwerfendes Gehölz, was nicht bedeuten soll, daß man alle Immergrünen aus dem Garten verbannen muß. In der Gartengestaltung unserer Zeit ist durch die Hast, die Unrast, die wir uns selbst auferlegt haben, ein Problem entstanden. Wir haben keine Geduld mehr, nur noch das Fertige zählt. Gepflanzt wird, was schnell Wirkung zeigt. Was im Garten geschieht, ist aber ein Entwicklungsprozeß, und nicht alle Pflanzen wachsen in kurzer Zeit heran. Sie sind Lebewesen, zu denen man eine Beziehung haben sollte und die Zuwendung brauchen. Man muß sich nicht ständig mit ihnen beschäftigen; wir sollten nur wissen, wann sie etwas und was sie brauchen, um wachsen zu können. Mit einigen gärtnerischen Grundkenntnissen, etwas Fingerspitzengefühl und Beobachtungsgabe wird man schnell Erfahrungen sammeln.

Pflanzenauswahl

Für die Auswahl der Pflanzen sind vor allem Klima, Lichtverhältnisse und Boden zu prüfen. Nur eine den Standortansprüchen gemäße Auslese und Plazierung werden auf Dauer zu einem harmonischen und befriedigenden Ergebnis führen. Lieber ein einfaches, robustes Gewächs wählen, das am geeigneten Platz seine ganze Schönheit entfalten kann, als eine kostbare Rarität, die trotz intensiver Pflege nur dahinvegetiert. Gedeiht eine Pflanzenart an einem Standort nicht, sollten wir entweder einen passenden Standort suchen oder uns für eine andere Art entscheiden.

Gerade in einem Vorgarten spielen Größenverhältnisse eine besondere Rolle. Vor der Pflanzung sollte man immer überlegen bzw. in der Baumschule oder im Gartencenter erfragen, wie groß die einzelnen Exemplare werden können und wie schnell sie wachsen. Ein Jahrzehnt vergeht rasch, und aus kleinen Pflanzen werden schneller »Erwachsene« als man denkt, oft schneller als aus kleinen Kindern.

An der meist kleinen Vorgartenfläche gehen wir jeden Tag vorbei. Sie verabschiedet uns beim Fortgehen und begrüßt uns beim Heimkommen. Wir sehen sie viel öfter als andere Gartenteile aus der Nähe. Deshalb sollte die Pflan-

orweg 1

Blühender Obstbaum im Vorgarten. Sind Blaufichten wirklich schöner?

zenzusammenstellung abwechslungsreich sein und möglichst nicht nur aus monotonen immergrünen Gewächsen bestehen.

Mit dem Problem der Immergrünen hat sich offenbar auch der Schöpfer des Englischen Gartens in München schon beschäftigt. F. L. v. Sckell (1750 bis 1823) schreibt: »In Rücksicht der verschiedenen Farbentöne in den Pflanzungen ist vorzüglich darauf Rücksicht zu nehmen, daß die hellgrünen Bäume im Vordergrunde und die dunkelgrünen im Hintergrunde aufgestellt werden.«

Baumgröße

»Bäume pflanzen heißt, seinen Träumen von einer besseren Welt Gestalt und Leben zu verleihen« (Russel Page).

Ein Baum hat in einem Vorgarten fast immer Platz, man muß nur den passenden finden. Passend sind Arten, die sich nicht zu übergroßen Exemplaren entwickeln und auch den Schatten der Häuser vertragen. Kleinere Bäume lassen überdies Gartengrundstücke größer erscheinen. Buche oder Linde, sogenannte Großbäume, sind für den Vorgarten ungeeignet. Ein derartiger Baum dominiert in ausgewachsenem Zustand so stark, daß nichts neben ihm bestehen kann. Sicher brauchen sie viele Jahre, bis sie ihre maximale Größe erreicht haben, aber meist will man sie dann nicht fällen oder darf es nicht, weil bestehende Baumschutzverordnungen es verbieten.

Gegen die Pflanzung von Laubbäumen und -sträuchern wird als Hauptargument immer der Laubfall angeführt. Man glaubt, sich mit dem »ewigen« Laubrechen und -kehren unüberwindliche oder kaum zu bewältigende Arbeiten zu schaffen. Bei richtiger Unterpflanzung läßt man das Laub als Humusbildner liegen, der Unterwuchs wird es danken. Bei uns muß der Garten leider immer aufgeräumt aussehen, während die Chinesen nach den Herbstarbeiten sofort wieder etwas Laub von den Bäumen schütteln, damit er wie unberührt aussieht.

Zu den kleinen Laubbäumen gehören zum Teil sehr weit verbreitete Gehölze, die sich oft durch malerischen Wuchs auszeichnen und, wenn sie ausgewachsen sind, kaum der Pflege bedürfen. Daneben schützen sie außerordentlich gut gegen Staub und Wind und binden Bebautes in die umgebende Landschaft ein. Pflanzt man sie als Heister, das sind Bäume, die von unten an beastet sind (im Gegensatz zum Hochstamm, der einen unbeasteten Stamm und eine Krone hat), geben sie auch schon bei der Pflanzung »etwas her«. Außerdem sind sie meist billiger als Hochstämme.

Obstgehölze

Nicht nur Zieräpfel und Zierkirschen passen hervorragend in Vorgärten, sondern auch Obstbäume. In letzter Zeit werden Obstbäume auch im Container gezogen, so daß man Pflanzen mit Ballen und als größere Exemplare bekommt und sich schneller über Blüten und Früchte freuen kann. Wenn man sich mit dem Schneiden zurückhält und den Baum nicht zu sehr dressiert, bilden sie mit der Zeit malerische Formen. Für einen Apfelbaum, Sauerkirschenbusch oder ein Zwetschgenbäumchen findet sich genauso ein Platz wie für reine Zier-

gehölze. Schönheit und Nutzen schließen einander nicht aus (s. Abb. oben). Wie zauberhaft sieht z. B. ein blühender Apfelbaum mit dazu gepflanzten japanischen Quitten aus!

Buntes Laub und farbige Rinde

Exotische Nadelgehölze wirken oft zu anmaßend für den Zugang zum Haus. Für sie gilt das Motto: »Wage etwas, aber bleibe dabei bescheiden« (Russel Page). Es ist befriedigender, wenn gerade der Eingangsbereich nicht auffällig, sondern zurückhaltend bepflanzt wird.

Die Verwendung buntblättriger Bäume und Sträucher erfordert Fingerspitzengefühl. Die Harmonie einer Pflanzung kann durch nichts so zerstört werden als durch den stumpfroten Fleck einer Blutpflaume (*Prunus cerasifera*), die zwischen das Grün anderer Laubgehölze als »Effekt« gepflanzt wurde, so hübsch sie auch in ihrer rosa Blütenfülle im Frühjahr ist. Rotblättrige Gehölze sollten deshalb möglichst mit anderen purpurblättrigen gruppiert werden, wenn man nicht besser ganz darauf verzichtet und lieber Gehölze mit schöner Herbstfärbung wählt. Ähnliches gilt für

Gehölze mit »panaschierten« (gelb oder weiß gemusterten) Blättern und für Gehölze mit auffallend gefärbtem Geäst. Bei manchen Sträuchern mit farbigen Zweigen ist häufiges Schneiden und Auslichten nötig, weil meist nur das junge Holz die charakteristische Farbe behält.

Harmonische Pflanzung

Der unbefriedigende Eindruck mancher Pflanzungen wird auch dadurch hervorgerufen, daß man sich angesichts der Vielfalt der angebotenen Pflanzen nicht auf einige zueinander passende Arten beschränkt hat. Das Weglassen ist oft sehr schwierig, besonders für einen Pflanzenfreund, es ist aber unerläßlich. Harmonie entsteht nicht bei einer Pflanzenwahl quer durch die Baumschule, sondern durch einen gewissen Rhythmus, durch Wiederholung einzelner Gruppen und das Hervorheben einzelner Pflanzen aus der zu ihr passenden Umgebung. Sie müssen in Wuchs und Eigenschaften harmonieren, damit sich ihre Schönheit voll entfalten kann.

Stauden

Zum Garten gehören Stauden. Sie bilden auch in der freien Natur die sogenannte »Krautschicht« unter Baum und Strauch. Stauden sind mehrjährig ausdauernde Pflanzen mit krautigen Trieben, deren oberirdische Teile zum Teil im Herbst absterben. Im Frühling treiben ihre Überwinterungsorgane, die meist unmittelbar unter der Erdoberfläche sitzen, wieder aus. Es gibt aber auch viele, besonders niedrige, polsterbildende Stauden oder Kriechstauden, die im Winter nicht »einziehen«. Sie behalten ihre grünen Blätter und sind deshalb als Bodendecker oder Rasenersatz besonders wichtig.

Nicht alle Stauden haben eine gleich lange Lebensdauer. Manche muß man nach einigen Jahren herausnehmen und teilen, andere können am richtigen Platz und bei entsprechender Pflege jahrelang gedeihen. Bei dem Reichtum an vorhandenen Staudenarten kann man auch für ungünstige Standorte die passenden finden.

Immer sollten Stauden sich an etwas anlehnen können, an Bäume, Sträucher, Treppen, Wege. Auch vor Mauern oder geschnittenen Hecken, oder als Füller zwischen einer freiwachsenden Gehölzpflanzung passen sie gut.

Nicht alle Stauden sehen nach dem Verblühen noch schön aus. Manche ziehen ein oder werden unansehnlich. Gerade im Vorgarten, wo man die Pflanzen ständig vor Augen hat, sollte man solche Arten verwenden, die während der ganzen Vegetationsperiode anschaubar sind, möglichst lange blühen und auch in blütenlosem Zustand mit ihrem Laub oder ihren Fruchtständen reizvoll bleiben, einen möglichst festen Stand haben und nicht bei jedem Regen oder Wind auseinanderfallen.

Der »Farbengarten«

England, ein Land mit günstigen klimatischen Bedingungen, hat eine lange und berühmte Gartentradition. Dort kommt auch die Idee der »Farbengärten« her. Das sind Pflanzenzusammenstellungen, die unter einem bestimmten Farbthema stehen, wo Gartenteile mit in einem Farbton in vielerlei Schattierungen blühenden Sträuchern, Rosen, Stauden oder Sommerblumen bepflanzt werden. Man hat dann einen »weißen«, »blauen«, »goldgelben« usw. Garten. Wer eine Farbe besonders liebt oder unsicher ist in der Zusammenstellung vielfarbiger Pflanzungen, könnte auch versuchen, sich einen »Farben-Vorgarten« anzulegen (s. Abb. Seite 82, 83).

Pflanzdichte

Wir müssen den Pflanzen genügend Platz zum Gedeihen lassen und dürfen nicht zu dicht setzen. Andererseits will niemand jahrelang warten, bis eine Pflanzung zusammengewachsen ist. Bei zu engen Abständen bedrängen sich die Pflanzen aber schon in der Jugend und entwickeln sich entsprechend schlecht. Als Lösung könnte man einige Exemplare einplanen, die man später herausnimmt, wenn sich die wichtigen Pflanzen entsprechend entwickelt haben.

Eine alte Faustregel der Gärtner sagt, daß man nach etwa 10 Jahren seinen Garten etwas umgestalten muß. Bäume und Sträucher sind gewachsen. Sie werfen mehr Schatten als in den ersten Jahren, dadurch ändern sich die Lichtverhältnisse und damit auch die Standortbedingungen. Rosen, die jahrelang üppig gewachsen sind, kümmern, weil sie nicht mehr genügend Sonne erhalten. Richtig wäre es nun, die Rosen herauszunehmen und durch schattenverträglichere Pflanzen zu ersetzen. Dies alles ist die natürliche Entwicklung der Vegetation, wie wir sie im Lauf der Jahre auch an jedem Waldrand beobachten können. Wer Spaß an Pflanzen hat, wird das nicht unbedingt als Nachteil empfinden. Ein Garten ist eigentlich nie »fertig«, er ändert sich immer, wie alles Lebendige.

Vom Wechsel der Jahreszeiten

»Kein Land mit konstantem Klima kann besonders schön sein. Das gilt auch für die Tropen, trotz aller Gefühle, die man an sie verschwendet. Auf den ersten Blick sieht es dort schön aus, aber die Monotonie verdirbt ihren Reiz. Abwechslung ist die Gehilfin, die die Natur braucht, um ihre Wunder zu vollbringen.

Einem Land mit vier ausgeprägten Jahreszeiten fehlt es nie an Schönheit, es langweilt nicht durch Eintönigkeit. Jede Jahreszeit bringt eine Welt der Freude und des Miterlebens beim Beobachten ihrer Entfaltung, ihrer schrittweisen harmonischen Entwicklung, ihres dem Höhepunkt zustrebenden Charmes – und gerade, wenn man ihrer überdrüssig wird, geht die Zeit zu Ende, und eine radikale Änderung tritt ein mit neuen Verzauberungen und neuen Glanzpunkten im Gefolge. Ich meine, daß demjenigen, der im Einklang mit der Natur lebt, im Wechsel jede Jahreszeit als die lieblichste erscheint« (Mark Twain).

In der Hektik unserer Zeit haben viele Menschen die Fähigkeit verloren, mit offenen Augen die wechselnde Schönheit der Pflanzen im Verlauf eines Jahres zu beobachten. Gerade der Vorgarten, der Gartenteil, den man am häufigsten betritt, wo man die Pflanzen täglich sieht, könnte Gelegenheit zu aufmerksamer Beobachtung bieten.

Wichtig ist nicht nur eine auf verschiedene Blühtermine abgestimmte Pflan-

Zauberhafte Zierkirsche Prunus subhirtella 'Accolade'.

zung. Fast alle Pflanzen, die bei uns wachsen, machen verschiedene Entwicklungsstadien durch.

Frühling. Schon im Vorfrühling kann man beobachten, wie sich an den kahlen Ästen und Zweigen die Knospen entwickeln. Manche Gehölze blühen vor dem Blattaustrieb, wie z.B. Forsythien oder Zierkirschen, andere entwickeln erst Laub und später die Blüten. In vielerlei Grüntönen entfalten sich die Blätter. Nur in dieser Jahreszeit findet man die ganze Palette dieser Farbe in der Natur, vom hellsten Gelbgrün bis zum dunklen Rotgrün. Die meisten Laubgehölze, die Obstbäume, viele Zwiebelpflanzen und Stauden haben ihre Hauptblüte im Frühling. Nach den langen Wintermonaten freut man sich darüber ganz besonders.

Sommer. Fast unmerklich geht der Frühling mit steigenden Temperaturen in den Sommer über. Am Apfelbaum entwickeln sich die Früchte, deren Wachstum man beobachten kann. Im Juni, dem »Rosenmonat«, brechen die Blüten der Rosen auf, und Sommerblumen lösen die Frühjahrsblüher ab. Der Sommerflieder duftet und bringt zahlreichen Schmetterlingen Nahrung. Es sind oft die gleichen Pflanzen, und doch hat sich das Gartenbild in wenigen Wochen verändert. Ein dunkleres Grün und andere Farben treten in Erscheinung. Aus zarten Blättchen wurden schön geformte, kräftige Blätter, die das Geäst der Sträucher und Bäume verdecken.

Herbst. Nach sommerlicher Wärme und mit kürzer werdenden Tagen stellt sich allmählich der Herbst ein. Sommerblüher werden abgelöst von Herbstastern und anderen Spätblühern, Früchte und Beeren reifen und die Blätter beginnen sich zu verfärben. Wieder verändert sich der Garten ohne menschliches Eingreifen.

Wer den Herbst in seiner unvergleichlichen Farbenpracht besonders liebt, sollte bei der Auswahl der Laubgehölze auf ihre Herbstfärbung achten und entsprechend zusammenpflanzen. So geben das sich goldgelb färbende Laub des sonst so unscheinbaren Feldahorns (*Acer campestre*) mit der leuchtendroten Herbstfärbung des Laubes der Felsenbirne (*Amelanchier lamarckii*) einen schönen Zusammenklang. Das Laub des Feuerahorns (*Acer ginnala*) ist z.B. bis zum Herbst grün, nur in dieser Jahreszeit entspricht er seinem Namen mit flammendroten Blättern.

Sicher treiben auch Nadelgehölze hellgrün aus, blühen und tragen Zapfen. So auffallend und vielfältig wie Laubgehölze verändern sie sich im Laufe eines Jahres aber nie. Dadurch ändert sich auch das Gesamtbild eines immergrünen Vorgartens nur wenig.

Es ist nur schwer verständlich, daß wegen des Laubfalls und der sich daraus ergebenden Mehrarbeit im Garten auf so ungeheuer viele Erlebnismöglichkeiten verzichtet wird, die auch ein kleiner Vorgarten bieten könnte.

Bepflanzungsbeispiele. Die folgenden Zusammenstellungen sind für eine Pflanzfläche von etwa 4 m^2 gedacht. Sie umfassen Gehölze und Stauden, dazwischen können Blumenzwiebel gelegt werden. Reizvoll und abwechslungsreich sind nicht nur die verschiedenen Blütezeiten, sondern auch die verschiedenen Höhen der Stauden und die der

Jahreszeit entsprechend wechselnden Formen und Farben des Laubes.

Die Gehölze sind meist als Einzelexemplare gedacht. Größere Stauden pflanzt man einzeln oder in Horsten. Teppichartig fassen und halten niedrig wachsende Arten alles zusammen. In der Beschränkung liegt der Reiz. Von vielen Pflanzen nur jeweils 1 oder 2 Stück zu nehmen, würde keine gute Zusammenstellung ergeben. Nicht nur optisch erdrücken sie sich gegenseitig, sie beeinträchtigen sich auch im Gedeihen.

Viele Stauden brauchen die Gesellschaft ihresgleichen. Vereinzelt gepflanzt werden sie von robusteren Nachbarn unterdrückt. Auch Blumenzwiebel legt man zu mehreren der gleichen Art in Gruppen, um schöne Farbwirkungen zu erzielen:

Sonnige Lage (1)	
1 Zierapfel	*Malus* 'Hillieri'
6 Rosen	Rosa Sorten, z. B. 'The Queen Elizabeth', 'Tom Tom'
15 Hornveilchen	*Viola cornuta* 'Hansa' oder 'G. Wermig'
10 Blaukissen	*Aubrieta* in blauen Sorten
5 Lerchensporn	*Corydalis lutea*
6 Lavendel	*Lavandula* 'Munstead'
6 Herbstastern	*Aster dumosus* 'Prof. Kippenberg'
Blumenzwiebel	z. B. *Tulipa tarda, T. pulchella humilis, T. saxatilis*

Sonnige Lage (2)	
1 Kirschapfel	*Malus silvestris* 'John Downie'
2 Japanische Quitten	*Choenomeles japonica, C. speciosa*
30 Pfingstveilchen	*Viola sororia* 'Immaculata'
10 Lerchensporn	*Corydalis lutea*
6 Bergaster	*Aster amellus* 'Veilchenkönigin'
6 Herbstanemonen	*Anemone-Japonica-Hybride* 'Honorine Jobert'
Blumenzwiebel	z. B. Wildkrokus, *Scilla siberica,* Wildtulpen

Sonnige Lage (3)	
1 Feuerdorn	*Pyracantha coccinea* 'Orange Glow'
30 Bleiwurz	*Ceratostigma plumbaginoides*
15 Ziest	*Stachys byzantina* 'Silver Capet'
6 Rosen	Rote Sorten, z. B. 'Gruß an Bayern'
5 Herbstmargueriten	*Chrysanthenum arcticum*
Blumenzwiebel	z. B. Krokus, Narzissen, Tulpen

Sonnige Lage (4, trocken)	
1 Zwergkiefer	*Pinus mugo ssp. pumilio*
2 Perowskia	*Perowskia abrotanoides*
10 Silberimmortellen	*Anaphalis triplinervis*
30 Fetthenne	*Sedum floriferum* 'Weihenstephaner Gold'
6 hohe Fetthenne	*Sedum telephium* 'Herbstfreude'
10 Herbstastern	*Aster dumosus* 'Professor Kippenberg'
Blumenzwiebel	Krokus, Narzissen, Tulpen in Wildformen

Halbschattige bis schattige Lage (1)	
1 Zaubernuß	*Hamamelis mollis, H. japonica*
1 Tafeleibe	*Taxus cuspidata* 'Nana'
30 Gedenkemein	*Omphalodes verna*
15 Waldsteinia	*Waldsteinia geoides*
7 Fuchsien	*Fuchsia magellanica 'Gracilis'*
Blumenzwiebel	*Iris danfordiae,* blaue Hyazinthen

Halbschattige bis schattige Lage (2)

1 Felsenbirne	*Amelanchier lamarckii*
10 Kaukasus-Vergißmeinnicht	*Brunnera macrophylla*
20 Akelei	*Aquilegia* in Sorten
2 Geißbart	*Aruncus dioicus*
9 Prachtspiere	*Astilbe* in Sorten
Blumenzwiebel	Tulpen, Narzissen u.a.

Halbschattige bis schattige Lage (3)

1 Duftschneeball	*Viburnum farreri*
3 Mahonia	*Mahonia aquifolium*
30 Immergrün	*Vinca minor*
10 Purpurglöckchen	*Heuchera*-Hybriden
5 Frauenmantel	*Alchemilla mollis*
3 Weißrandfunkie	*Hosta sieboldii*
5 Kissenprimel	*Primula vulgaris*
5 Sommerprimel	*Primula florindae*
Blumenzwiebel	Tulpen, Narzissen u.a.

Halbschattige bis schattige Lage (4)

1 Kolkwitzie	*Kolkwitzia amabilis*
30 Günsel	*Ajuga reptans* 'Atropurpurea'
20 Schaumblüte	*Tiarella cordifolia*
10 Kissenprimel	*Primula vulgaris*
5 Herbstanemone	*Anemone*-Japonica-Hybriden
5 Bergenie	*Bergenia*-Hybriden
Blumenzwiebel	Herbstzeitlose (*Colchicum autumnale*), Schneeglöckchen (*Galanthus nivalis*) zu Günsel, Lilienblütige Tulpen, Narzissen

Halbschattige bis schattige Lage (5)

1 Kerria	*Kerria japonica* 'Pleniflora'
10 Gedenkemein	*Omphalodes verna*
20 Waldsteinie	*Waldsteinia ternata*
7 Taglilie	*Hemerocallis middendorffii*
5 Bergenie	*Bergenia*-Hybriden
6 Glockenblume	*Campanula lactiflora* 'Loddon Anne', 'Prichard'
1 Greiskraut	*Ligularia przewalskii*
Blumenzwiebel	Narzissen, lilienblütige Tulpen u.a.

Pflanzen für den Vorgarten

Die in den Pflanzenlisten aufgeführten Arten und Sorten sind nur eine kleine Auswahl aus der Fülle bewährter Pflanzen, die man in guten Gärtnereien und Baumschulen kaufen kann. Jedes Jahr kommen neue Sorten dazu, die in Sichtungsgärten jahrelang beobachtet und bewertet werden.

Man sollte bei Billigstangeboten vorsichtig sein und lieber einige Pflanzen weniger nehmen, dafür aber gesunde und kräftige Exemplare. Die Listen mit der Angabe einzelner Arten sind als Anregung gedacht, die verschiedenen Sorten bleiben zum großen Teil unberücksichtigt.

Laubbäume und Großsträucher

Auf Laubbäume oder Großsträucher können wir im Vorgarten nicht verzichten. Sie tragen als Sauerstoffspender

Laubbäume und Großsträucher

Art	Belichtung	Blütenfarbe
Acer campestre, Feldahorn	○–●	grünlich
Acer ginnala, Feuerahorn	○–●	grünlich
Alnus cordata, Erle	○–◐	grünlich
Amelanchier laevis, Felsenbirne	○–◐	weiß
Carpinus betulus, Hainbuche, Weißbuche	○–●	unscheinbar
Crataegus × lavallei 'Carrierei', Weißdorn	○–◐	weiß-rosa
Fraxinus ornus, Blumenesche, Mannaesche	○	cremegelb-weiß
Malus floribunda, Zierapfel	○	rosa-weiß
Malus silvestris 'John Downie'	○	zartrosa-weiß
Prunus avium 'Plena', Süßkirsche	○	weiß gefüllt
Prunus sargentii, Kirsche	○–◐	rosa einfach
Prunus sargentii 'Accolade', Kirsche	○	rosarot
Prunus subhirtella 'Autumnalis', Kirsche	○	weißlichrosa
Robinia pseudoacia, Robinie, Scheinakazie	○	weiß
Sorbus aria, Mehlbeere	○–◐	weiß
Sorbus aucuparia, Eberesche, Vogelbeerbaum	○	gelblichweiß

Nadelbäume

Art	Belichtung	Blütenfarbe
Taxus baccata, Eibe	○–●	
Tsuga canadensis, Hemlocktanne, Schierlingstanne	○–●	

nicht nur zur Umweltverbesserung bei, sie sind auch atmosphärebildend, obendrein meist anspruchslos und als Schattenspender an heißen Sommertagen unübertroffen. Schon ein einzelner Baum in einem sonst schlichten Vorgarten kann diesem eine persönliche Note verleihen. Für den Vorgarten kommen in erster Linie kleinkronige Bäume in Frage. Wo genügend Platz vorhanden ist, wird aber ein großkroniger Baum viel wirkungsvoller sein.

Nadelbäume

Nadelbäume fügen sich nicht so gefällig in die Umgebung ein, sie wirken kalt und steif. Häufig wird eine Tanne oder Fichte in Weihnachtsbaumgröße in den Vorgarten gepflanzt, damit man sie mit elektrischen Kerzen bestücken kann. Ebenso oft wird nicht bedacht, daß das hübsche Bäumchen nach einer kurzen Zeit des Einwachsens jedes Jahr an Höhe und Breite zulegt, z.B. das Küchen-

Blütezeit	Fruchtschmuck	immergrün wintergrün	Herbstfärbung	Habitus
Mai			gelb	locker aufrecht
Mai			leuchtend rot	verzweigt
März–April	auffallend			locker aufrecht
April	blauschwarz		orangerot	mehrstämmig
Juni			gelb	kurzstämmig
Mai	hellrot		rotorange	breitgewölbt bis kugelig
Mai			teilw. gelb	kugelig
Mai	rot und gelb		gelb	überhägend
Mai	gelborange		gelborange	aufrecht
April–Mai			gelbrot	ausladend
April–Mai	dunkelrot		orange-rot	überhängend
April–Mai			gelborange	überhängend
April–Mai			gelborange	Zweige zart
Juni				locker
Mai	leuchtend rot		gelb	rundlich
Juni–Juli	orange-rot		gelb-orange	breit-pyramidal

Blütezeit	Fruchtschmuck	immergrün wintergrün	Herbstfärbung	Habitus
	rot fleischig	immergrün		aufrecht breit
	Zapfen bis 2 cm	immergrün		aufrecht locker

Links:
Kerrie (Kerria japonica 'Pleniflora').

Rechts:
Spirea bumalda 'Anthony Waterer'.

fenster dadurch kein Licht mehr bekommt und für die Kerzenanbringung die häusliche Leiter bald nicht mehr ausreicht.

Sträucher

Sie sind nicht nur als Sichtschutz von großer Bedeutung, sie haben auch als Raumbildner eine wichtige Funktion in der Gartengestaltung. Mit ihnen kann man Mülltonnenschränke verdecken, langweilige Winkel begrünen, eine Hausecke in den Garten einbinden oder den Eingang betonen.

Alle Arten entwickeln sich besonders schön, wenn sie sich entfalten können. Viele vertragen es aber auch, wenn man sie dichter zu einer Hecke zusammenpflanzt.

Laubsträucher

Art	Belichtung	Blütenfarbe
Berberis buxifolia 'Nana', Immergrüne kleine Berberitze	○–◐	orangegelb
Berberis candidula, Sauerdorn, Berberitze	○–◐	goldgelb
Berberis gagnepainii var. lanceifolia, Sauerdorn, Berberitze	○–◐	goldgelb
Berberis hookeri, Berberitze	○–◐	grünlichgelb
Berberis julianae, Sauerdorn, Berberitze	○–◐	reingelb
Berberis rubrostilla, 'Barbarossa', Berberitze	○–◐	hellgelb
Berberis × *stenophylla,* Sauerdorn, Berberitze	○–◐	goldgelb
Berberis thunbergii, Sauerdorn, Berberitze	○	gelb
Berberis verruculosa, Sauerdorn, Berberitze	○–◐	goldgelb
Buddleja crispa 'Farreri', Buddleie, Schmetterlingsstrauch	○	lila
Buxus sempervirens var. sempervirens, Buchsbaum	○–●	unscheinbar
Buxus sempervirens 'Handworthiensis', Buchsbaum	○–●	unscheinbar
Buxus sempervirens 'Suffruticosa', Buchsbaum	○–●	unscheinbar
Callicarpa bodinieri var. giraldii, Schönfrucht, Liebesperlenstrauch	○–◐	lila
Caryopteris x clandonensis, Bartblume	○–◐	violettblau
Ceanothus-Hybride 'Gloire de Versailles', Säckelblume	○	dunkelblau
Choenomeles speciosa, Chinesische Zierquitte	○–◐	leuchtend rot
Choenomeles 'Andenken an Carl Ramcke'	○–◐	zinnoberrot
Choenomeles 'Crimson and Gold', Zierquitte	○–◐	dunkelrot
Cornus alba 'Spaethii', Hartriegel	○–◐	weiß
Corylopsis pauciflora, Scheinhasel	◐	zartgelb

Blütezeit	Frucht-schmuck	immergrün wintergrün	Herbst-färbung	Habitus
Mai	schwarzrot	immergrün		dicht nieder
Mai	blau	immergrün		dicht
Mai	blauschwarz	immergrün		überhängend
Mai	schwärzlich purpur	immergrün		buschig
Mai–Juni	elliptisch	immergrün		strauchig
Juni–Juli	dunkelrot			aufrecht
Mai–Juni	blauschwarz	immergrün		überhängend
Mai	korallenrot			dicht
April–Mai	schwarz	immergrün		überhängend
August–September				überhängend
April–Mai		immergrün		dicht,8 m
April–Mai		immergrün		dicht, 3 m
April–Mai		immergrün		dicht, 1 m
Juli–August	rötlich-violett			strauchartig
August–Oktober				strauchartig
Juli–Oktober				strauchartig
März–April				ausladend
April–Mai				strauchartig
April–Mai				strauchartig
Mai				strauchartig
März–April			goldgelb	breitbuschig

Laubsträucher

Art	Belichtung	Blütenfarbe
Cotoneaster dielsianus, Zwergmispel	○–◐	rosa oder weiß
Cotoneaster multiflorus, Zwergmispel	○–◐	weiß
Cotoneaster salicifolius var. floccosus	○–◐	weiß
Cytisus praecox, Elfenbeinginster	○	rahmweiß
Cytisus praecox 'Allgold', Ginster Hybride	○	goldgelb
Daphne mezereum, Seidelbast	◐	karminrot
Deutzia gracilis, Deutzie, Maiblumenstrauch	○–◐	weiß
Deutzia kalmiiflora, Deutzie, Maiblumenstrauch	○–◐	weißlich-rosa
Deutzia rosea, Deutzie, Maiblumenstrauch	○–◐	zartrosa
Hamamelis japonica, Zaubernuß	○–◐	goldgelb
Hamamelis mollis 'Feuerzauber', Zaubernuß	○–◐	bronzerot
Hydrangea arborescens 'Grandiflora', Hortensie	◐	grünlichweiß
Hydrangea paniculata 'Grandiflora', Hortensie	○–◐	weiß-rosa
Hypericum patulum 'Henryi', Johanniskraut	○–◐	dunkelgelb
Hypericum patulum 'Hidcote Gold', Johanniskraut	◐–●	goldgelb
Ilex perado, Stechpalme	○–●	gelblich
Kerria japonica 'Pleniflora', Kerrie	○–●	dottergelb
Kolkwitzia amabilis, Kolkwitzie	○–◐	rosa
Mahonia aquifolium, Mahonie	○–●	gelb
Prunus laurocerasus 'Otto Luyken', Kirschlorbeer, Lorbeerkirsche	○–●	weiß
Prunus laurocerasus 'Zabeliana', Kirschlorbeer, Lorbeerkirsche	○–●	weiß
Pyracantha coccinea 'Bad Zwischenahn', Feuerdorn	○	weiß
Pyracantha coccinea 'Orange Charmer'	○	weiß
Salix hastata 'Wahrhahnii', Weide	○	silberweiß
Spiraea-Bumalda-Hybride 'Anthony Waterer', Spierstrauch	○–◐	karminrot
Spiraea thunbergii, Spierstrauch	○–◐	weiß
Spiraea trilobata, Spierstrauch	○–◐	weiß
Spiraea × vanhouttei, Spierstrauch	○–◐	weiß
Viburnum carlesii, Schneeball	○–◐	weiß-rosa
Viburnum farreri, Schneeball	○–◐	rosa-weiß
Viburnum rhytidophyllum, Schneeball	○–●	gelblichweiß
Weigela 'Bouquet Rose', Weigelie (rosa)	○–◐	karminrosa
Weigela 'Eva Ratke', Weigelie (karminrot)	○–◐	karminrot

Strauchig wachsende Nadelgehölze

Art	Belichtung	Blütenfarbe
Juniperus chinensis 'Pfitzeriana', Wacholder	○–◐	
Pinus mugo, Bergkiefer, Krummholzkiefer	○	
Pinus mugo ssp. mugo, Bergkiefer, Krummholzkiefer	○	

Blütezeit	Frucht-schmuck	immergrün wintergrün	Herbst-färbung	Habitus
Juni	scharlachrot			überhängend
Juni	rot		rotbraun	überhängend
Mai–Juni	hellrot			malerisch
April–Mai				überhängend
April–Mai				überhängend
März–April	rot giftig			strauchartig
Mai–Juni				nestförmig
Juni			gelb bis orangerot	überhängend
Mai–Juni			gelb bis orangerot	buschig
Februar–März			orangerot	schmal, aufrecht
Januar–Februar			goldgelb	breit ausladend
Juni–September			gelb	strauchartig
Juni–Oktober			orange	strauchartig
Juli–September				strauchartig
Juli–September				strauchartig
Juli	rot	immergrün		kompakt
Mai–Juli			gelb	straff aufrecht
Mai–Juni			violett	überhängend
April–Mai	blaubereift	immergrün	purpur	aufrecht
Mai–Juni	schwarzrot	immergrün		dicht
Mai–Juni	schwarz	immergrün		horizontal
Mai–Juni	rot	wintergrün		dicht
Mai–Juni	orange	immergrün		strauchartig
April–Mai				buschig
Juli–September				dicht verzweigt
April–Mai			gelb-orange	überhängend
Mai–Juni				dicht verzweigt
Mai–Juni			braun-rot	überhängend
April–Mai			grün-orange-rot	locker
März–April				straff-aufrecht
Mai–Juni		immergrün		aufrecht
Mai				strauchartig
Juni–Juli				strauchartig

Blütezeit	Frucht-schmuck	immergrün wintergrün	Herbst-färbung	Habitus
		immergrün		breit
	Zapfen	immergrün		mehrstämmig
	Zapfen	immergrün		niederliegend

Clematis montana 'Rubens'.

Heckenpflanzen

Heute sieht man geschnittene Hecken nicht mehr so häufig. Ihre strenge architektonische Form widerspricht dem Ziel des naturnahen Gartens und erfordert einen großen Pflegeaufwand. Am passenden Platz hat die geschnittene Hecke aber immer noch ihre Berechtigung.

Wir pflanzen heutzutage die Sträucher jedoch so, daß sie sich frei entwickeln können. Eine solche Pflanzung fügt sich besser in die Umgebung ein, der zeitweilige Blüten- und Fruchtschmuck bringt zusätzlich Farbe und Abwechslung.

Freiwachsende Gehölze oder Hecken brauchen mehr Platz als geschnittene; das muß man bei der Wahl bedenken. Ihre Wurzeln reichen oft weit in die angrenzenden Rasen- oder Pflanzfläche. Trotz dieses Nachteils braucht man im Vorgarten hin und wieder eine Begrenzung, sei es zur Straße, zum Nachbarn oder zur Abtrennung des übrigen Gartenteils. Dafür gibt es viele, auch kleinbleibende Gehölze.

Heckenpflanzen

Art		Belichtung	Blütenfarbe
Niedere Einfassungen bis 60 cm Höhe			
Buxus sempervirens 'Suffruticosa', Buchsbaum	s. Seite 54		
Deutzia gracilis, Deutzie	s. Seite 55		
Ligustrum vulgare 'Lodense', Liguster		○–◐	gelblich-weiß
Spirea bumalda 'Anthony Waterer', Spierstrauch	s. Seite 56		
Teucrium chamaedris, Gamander		○	purpurrosa
Hecken bis etwa 1 m Höhe			
Berberis verruculosa, Sauerdorn, Berberitze	s. Seite 54		
Choenomeles japonica, Zierquitte		○–◐	ziegelrot
Deutzia x rosea, Deutzie	s. Seite 56		
Forsythia ovata 'Tetragold', Forsythie, Goldglöckchen		○	goldgelb
Potentilla fruticosa 'Goldfinger', Fingerkraut		○	zitronengelb
Potentilla fruticosa 'Hachmanns Gigant', Fingerkraut		○	goldgelb
Ribes alpinum 'Schmidt', Alpenjohannisbeere		○–●	unscheinbar
Rosa rugosa 'Dagmar Hastrup', Rose		○	pastellrosa
Spirea × arguta, Spierstrauch		○–◐	weiß
Spirea-Bumalda 'Froebelii', Spierstrauch		○–◐	purpurrot
Spirea trilobata, Spierstrauch	s. Seite 56		

Schling- und Kletterpflanzen

Sie sind in einem Vorgarten oft unentbehrlich. Mit ihnen können wir eine kahle Hauswand beleben, den Eingang schmücken oder Zäune und Mauern beranken. Viele unschöne Stellen lassen sich mit Schling- und Kletterpflanzen verdecken. Die einen wirken durch prächtige Blüten, die anderen durch ihr dekoratives Blattwerk. Es dauert meist nicht lange, bis sie sich zu ansehnlichen Pflanzen ausgewachsen haben.

Blütezeit	Fruchtschmuck	immergrün wintergrün	Herbstfärbung	Habitus
Mai	schwarz	wintergrün		dicht gedrungen
Juli–September		wintergrün		buschig
April–Mai	gelblich			dicht breit
März–April				buschig
Juni–Oktober				breit buschig
Juni–Oktober				breit buschig
			gelb	aufrecht kompakt
Juni	rot		gelb	breitbuschig
April				überhängend
Juli–September				breit

Heckenpflanzen

Art		Belichtung	Blütenfarbe
Hecken bis etwa 2 m Höhe			
Berberis hookeri, Berberitze		○–●	gelb
Berberis julianae, Sauerdorn, Berberitze	s. Seite 54		
Berberis stenophylla, Berberitze		○–◐	orangegelb
Deutzia × kalmiiflora, Deutzie	s. Seite 56		
Choenomeles speciosa, Zierquitte		○–◐	feuerrot
Ligustrum ovalifolium, Liguster, Rainweide		○–◐	rahmweiß
Ligustrum vulgare, Liguster, Rainweide		○–◐	gelblich-weiß
Ligustrum vulgare 'Atrovirens', Liguster		○–◐	gelblich-weiß
Pyracantha coccinea 'Bad Zwischenahn', Feuerdorn	s. Seite 56		
Spirea × vanhouttei, Spierstrauch	s. Seite 56		
Symphoricarpos orbiculatus, Korallenstrauch		○–●	gelblich-rosa
Symphoricarpos albus, Schneebeere		○–●	rosa-weiß
Hecken über etwa 2 m Höhe			
Acer campestre, Feldahorn			
Buxus sempervirens var. sempervirens, Buchsbaum	s. Seite 54		
Carpinus betulus, Hainbuche, Weißbuche	s. Seite 52		
Cornus mas, Kornelkirsche		○–◐	gelb
Crataegus × prunifolia, Weißdorn		○–◐	weiß
Forsythia × intermedia, Forsythie, Goldglöckchen (verschiedene Sorten)		○–◐	gelb
Kolkwitzia amabilis, Kolkwitzie	s. Seite 56		
Lonicera tatarica, Heckenkirsche		○–●	weiß bis rosa

Schling- und Kletterpflanzen

Art	Belichtung	Blütenfarbe
Akebia quinata, Akebie	○	violettbraun
Clematis-Hybriden (großblütige Sorten)	○–◐	viele Farben
Clematis montana 'Rubens', Waldrebe	○–◐	rosa
Fallopia aubertii, Knöterich	○–●	weiß
Hedera helix, Efeu	○–●	grünlich
Hydrangea anomala ssp. petiolaris, Hortensie	◐–●	weiß
Jasminum nudiflorum, Winterjasmin	○–●	goldgelb
Lonicera henryi, Heckenkirsche, Geißblatt	○–◐	rötlich
Parthenocissus tricuspidata 'Veitchii', Jungfernrebe	○–●	gelbgrün
Wisteria sinensis, Glyzine, Wistarie	○	blauviolett

Blütezeit	Frucht-schmuck	immergrün wintergrün	Herbst-färbung	Habitus
Mai–Juni	schwärzlich	immergrün		dichtbuschig
Mai	schwarz			überhängend
April–Mai	gelbgrün			breit aufrecht
Juni–Juli	blauschwarz			aufrecht
Juni–Juli	schwarz			aufrecht
Juni–Juli	schwarz	immergrün		aufrecht
Juli–August	purpurrot			breitbuschig
Juni–September	weiß			aufrecht
			gelb	aufrecht
März–April	rot		gelb-braun	aufrecht
Mai–Juni	ziegelrot		flammend rot-gelb	sparrig
März–April				kräftig
Mai–Juni	hellrot			dicht buschig

Blütezeit	Frucht-schmuck	immergrün wintergrün	Herbst-färbung	Habitus
Mai	violett	wintergrün		strauchartig
Juni–Oktober				dünntriebig
Mai–Juni				kletternd
Juli–Oktober				strauchartig
August–September				kletternd
Juni–Juli				kletternd
Februar–April				überhängend
Mai–August		immergrün		mittelstark
Juni–August	blauschwarz			kletternd
Mai–Juni				kletternd

Rosen

Art	Belichtung	Blütenfarbe
Floribunda-Rosen und Polyantha-Hybriden	○	cremeweiß
'Edelweiß'		
'Friesia'	○	goldgelb
'Marlena'	○	dunkelrot
'Tip Top'	○	reinrosa
Wiederholt blühende Strauchrosen		
'Bischofsstadt Paderborn'	○	einfach zinnoberrot
'Elmshorn'	○	hellrot
'Grandhotel'	○	blutrot gef.
'Lichtkönigin Lucia'	○	goldgelb gef.
'Mozart'	○	hellrot m. weiß
'Schneewittchen'	○	weiß gef.
'Shalom'	○	ziegelrot gef.
Einmalblühende Strauchrosen		
'Maigold'	○	kupfriggelb
'Marguerite Hilling'	○	intensivrosa
Rosa hugonis	○	goldgelb
Rosa multiflora	○	weiß
Rosa rugosa	○	hellrot
»Historische« Rosen		
'Gruß an Teplitz'	○–◐	leuchtendrot
'Charles Lawson'	○–◐	reinrosa
'Souvenir de la Malmaison'	○	zartrosa
Bodendeckende Rosen		
'Fair Play'	○	hellrot
'Max Graf'	○	karminrosa
'Moje Hammarberg'	○	rotviolett
'Swany'	○	weiß
'The Fairy'	○	zartrosa
Kletterrosen		
'Coral Dawn'	○	korallenrosa
'Goldstern'	○	tiefgoldgelb
'Ilse Krohn Superior'	○	cremeweiß
'New Dawn'	○	weißlichrosa
'Sympathie'	○	dunkelrot

Blütezeit	Frucht-schmuck	immergrün wintergrün	Herbst-färbung	Habitus
Juni–Oktober				breitbuschig
Juni–Oktober				aufrecht
Juni–Oktober				kompakt
Juni–Oktober				breitbuschig
Juni–Oktober				kräftig
Juni–Oktober				breitbuschig
Juni–Oktober				dichtbuschig
Juni–Oktober				dichtbuschig
Juni–Oktober				buschig
Juni–Oktober				leicht überhängend
Juni–Oktober				aufrecht
Anfang Juni				bogig
Juni				breitbuschig
ab Mai				überhängend
Juni–August	rot			überhängend
ab Mai	rot			aufrecht
Juni–Oktober				aufrecht
Juni–Oktober				aufrecht
Juni–Oktober				mittelstark
Juni				liegend
Juni	rot			niederliegend
Juli–September	rot			breitbuschig
Juni–Oktober				niederliegend
Juni–Oktober				überhängend
Juni–Oktober				stark kletternd
Juni–Oktober				buschig
Juni–Oktober				aufrecht
Juni–Oktober				starkwüchsig
Juni–Oktober				kräftig

Rosen

Rosenfreunde werden auch im Vorgarten nicht auf ihre Lieblingspflanzen verzichten wollen. Angesichts der vielen Züchtungen fällt die Auswahl schwer, obwohl nicht alle Rosen in den Vorgarten passen. Edelrosen oder Teehybriden mit einzelnen, edelgeformten Blüten auf langen Stielen fügen sich nur schwer in eine andere Pflanzengemeinschaft ein. Sie gehören möglichst auf ein Schnittblumenbeet. Floribunda-Rosen und Polyantha-Hybriden sollten hier nur in kleineren Gruppen und nie ohne Begleitgrün angepflanzt werden. Lavendel, Katzenminze und Fetthenne (besonders die Sorte *Sedum floriferum* 'Weihenstephaner Gold') passen gut zu Rosen. Es können aber auch Kleingehölze wie die Bartblume *(Caryopteris clandonensis)* oder Liguster (*Ligustrum vulgare* 'Lodense') sein.

Eine hübsche Rankrose am Haus wird immer ihre Bewunderer finden. Strauchrosen sind weniger anspruchsvoll als Beetrosen und brauchen weniger Pflege. Gelegentliches Herausnehmen des alten Holzes genügt. Durch ihren gefälligen Wuchs lassen sie sich auch leichter in ei-

Links: Kletterrosen an der Hauswand. Immer wieder schön ist die rosa Sorte 'New Dawn'.

Rechts: Pachysandra terminalis, ein unverwüstlicher Bodendecker für schattige Lagen.

ne Pflanzung integrieren. Die gelbblühende *Rosa hugonis,* die schon im Mai ihre kleinen Blütenschalen öffnet, wird immer begeistern. Mit bodendeckenden Rosen können wir mit verhältnismäßig wenig Pflegeaufwand eine Fläche begrünen. Während der Blütezeit bieten sie einen bezaubernden Anblick.

Neuerdings werden auch wieder alte Rosensorten, die »historischen Rosen« vermehrt. Manche von ihnen erinnern an die Rosen, wie wir sie von Bildern alter holländischer Meister kennen. Die meisten haben den alten typischen Rosenduft. Von ihnen gibt es einige Sorten, die gut Halbschatten vertragen.

Rosen sind im allgemeinen Sonnenkinder und brauchen einen entsprechenden Platz. Der Standort darf aber weder zu heiß noch zu trocken sein, vor allem vor Mauern und Hauswänden ist Vorsicht geboten. Vermeiden sollte man die Nähe von Platten- und Asphaltbelägen. Ebenso sind Rosen empfindlich gegen Autoabgase. Rosen benötigen einen tiefgründigen, am besten lockeren, wasserdurchlässigen, nicht zu leichten Boden.

Die nachstehend angeführten Rosen sind nur eine kleine Auswahl bewährter Sorten.

Bodendecker

Bodendeckende Pflanzen sind im Vorgarten fast unentbehrlich. Gerade hier hat man es oft mit Flächen zu tun, die für eine Rasenansaat zu klein sind. Häufig liegen diese Flächen recht ungünstig, z.B. im Schatten der Gebäude oder vorhandener Straßenbäume, außerdem werden sie nicht genutzt, d.h. nicht betreten. Im Schatten wird man mit Rasen wenig Erfolg haben; er wird trotz Schnitt und Düngung schütter und vermoost.

Auf diesen Flächen ist es sinnvoll, Bodendecker zu pflanzen. Die Vielfalt geeigneter Pflanzen ist groß. Sie unterscheiden sich nicht nur in Farbe und Form des Blattes, viele blühen auch sehr hübsch. Es muß keine Monokultur aus *Cotoneaster* und ähnlichen Gehölzen zu werden, wie man es leider so häufig sieht. Bodendeckende Stauden bieten sich hier an und wurden bisher viel zu wenig verwendet. Dabei gibt es viele Ar-

Bodendecker

Art	Belichtung	Blütenfarbe
Laubgehölze		
Calluna vulgaris, Besenheide, Heidekraut	○–◐	rosa, weiß, lachs
Cotoneaster dammeri var. radicans, Zwergmispel	○–◐	weiß
Cotoneaster praecox, Zwergmispel	○–◐	rosa-weiß
Erica herbacea, Schneeheide	○–◐	weiß, rosa, karmin
Erica tetralix, Moorheide	○–◐	rosa
Erica vagans, Sommerheide	○–◐	weiß, karmin
Euonymus fortunei 'Colorata', Spindelstrauch	○–◐	unscheinbar
Euonymus fortunei var. vegeta 'Gracilis', Spindelstrauch	○–◐	unscheinbar
Euonymus fortunei var. vegeta 'Minima', Spindelstrauch	○–◐	unscheinbar
Gaultheria procumbens, Scheinbeere	◐–●	weißlich-rosa
Hedera helix, Efeu s. Seite 60		
Lonicera pileata, Heckenkirsche, Geißblatt	○–●	unscheinbar
Potentilla fruticosa var. rigida, Fingerkraut	○	goldgelb
Potentilla fruticosa var. mandshurica, Fingerkraut	○	reinweiß
Nadelgehölze		
Juniperus communis 'Hornibrookii', Wacholder	○	
Juniperus communis ssp. alpina 'Repanda', Wacholder	○	
Juniperus horizontalis 'Prostrata', Wacholder	○	
Juniperus sabina 'Tamariscifolia', Sadebaum	○	
Taxus baccata 'Repandens', Eibe	○–●	
Stauden		
Acaena buchananii, Stachelnüßchen	○	unscheinbar
Achillea ageratifolia, Garbe	○	weiß
Ajuga reptans 'Atropurpurea', Günsel	◐	lilablau
Artemisia schmidtiana 'Nana', Beifuß	○	weiß
Asarum europaeum, Haselwurz	◐–●	braun
Azorella trifurcata, Andenpolster	○–◐	grünlichweiß
Cerastium tomentoseum, Hornkraut	○	weiß
Ceratostigma plumbaginoides, Bleiwurz	○–◐	azurblau
Cotula squalida, Laugenblume	○–◐	grünlich
Dryas × suendermannii, Silberwurz	○	weiß
Epimedium × rubrum, Elfenblume	◐	rot
Epimedium × versicolor 'Sulphureum', Elfenblume, Sockenblume	◐	schwefelgelb
Galium odoratum, Waldmeister	◐–●	weiß
Geranium macrorrhizum 'Spessart', Storchschnabel	○–◐	zartrosa
Geranium sanguineum, Storchschnabel	○–◐	karminrot
Glecoma hederacea, Gundermann	◐–●	purpurblau
Hypericum calycinum, Johanniskraut	○–●	gelb
Hypericum polyphyllum, Johanniskraut	○–●	gelb

Blütezeit	Frucht-schmuck	immergrün wintergrün	Herbst-färbung	Habitus
August–September		immergrün		verzweigt
Mai–Juni	scharlachrot	immergrün		kriechend
Juni	rot			bogig
Februar–April		immergrün		nieder
Juni–September		immergrün		breitbuschig
Juli–Oktober		immergrün		buschig
Juni–Juli		immergrün		kriechend
Juni–Juli		weißbunt immergrün		kriechend
Juni–Juli	rosa	immergrün		mattenbildend
Juni–Juli	rot			kriechend
Mai	purpurviolett			breit, niederliegend
Mai–September				niederliegend
Mai–August				kriechend
		hellgrün		kriechend
		dunkelgrün, silbrig		flach
		blaugrün		mattenförmig
		blaugrün		flach
		dunkelgrün		flach
	borstige Köpfchen	immergrün		polsterförmig
Mai–Juli		wintergrün		polsterförmig
Mai–Juni		wintergrün		flächig
August–September				polsterbildend
März–April		immergrün		kriechend
Mai–Juni		wintergrün		runde Polster
Mai–Juni		wintergrün		polsterbildend
August–Oktober			rot	kriechend
Juli–August				mattenförmig
Mai–Juni		wintergrün		mattenförmig
April–Mai		fast wintergrün		buschig
April–Mai		fast wintergrün		buschig
Mai–Juni				flächig
Juni–August			gelbrot	großflächig
Mai–August			gelbrot	großflächig
April–Juni				flächig
Juni–September		wintergrün		großflächig
Juni–August				niederliegend

Bodendecker

Art	Belichtung	Blütenfarbe
Lamiastrum galeobdolon 'Florentinum', Goldnessel	◐–●	gelb
Lamium maculatum 'Argenteum', Taubnessel	◐–●	rötlich
Matricaria caucasica, Mutterkraut	○	weiß
Omphalodes verna, Gedenkemein	◐–●	leuchtendblau
Pachysandra terminalis 'Green Carpet', Dickanthere	◐–●	weiß
Polygonum affine 'Darjeeling Red', Knöterich	○–◐	tiefrosa
Prunella grandiflora, Braunelle	○–◐	weiß bis violett
Sagina subulata, Sternmoos	○	weiß
Saxifraga umbrosa, Porzellanblümchen	◐	weiß, rosa
Saxifraga umbrosa 'Elliott', Porzellanblümchen	◐	rosarot
Sedum floriferum 'Weihenstephaner Gold', Fetthenne	○	leuchtendgelb
Sedum hybridum 'Immergrünchen', Fetthenne	○	gelb
Sedum sexangulare, Fetthenne	○	hellgelb
Sedum spurium 'Album superbum', Fetthenne	○	weiß
Stachys byzantina 'Silver Carpet', Wollziest	○	
Symphytum grandiflorum, Beinwell	◐–●	gelblich-weiß
Thymus doerfleri 'Bressingham Seedling', Thymian	○	reinrosa
Thymus × citriodorus 'Golden Dwarf', Thymian	○	weißlich
Thymus praecox var. pseudolanuginosus, Thymian	○	rosa
Thymus serpyllum 'Coccineus', Thymian	○	karminrot
Tiarella cordifolia, Schaumblüte	◐–●	weiß
Vinca major, Immergrün	◐–●	blau
Vinca major, 'Variegata', Immergrün	◐	blau
Vinca minor, Immergrün	◐–●	blau
Viola cornuta, Hornweilchen	○–◐	je nach Sorte
Waldsteinia geoides, Waldsteinie	◐–●	gelb
Waldsteinia ternata, Waldsteinie	◐–●	gelb

ten, die im Winter ihr Laub behalten und nicht einziehen. Von Rasenflächen muß man außerdem im Herbst das Laub abrechen, damit das Gras nicht erstickt. Bei richtiger Unterpflanzung kann das Laub liegen bleiben.

Die Natur ist immer bestrebt offene Flächen zu begrünen, sei es durch Samenanflug oder ausläufertreibenden Pflanzen. Die nackte Erde zu bedecken, ist auch eine ökologisch richtige Maßnahme, wenn wir es nicht der Natur überlassen wollen und Wildkräuter akzeptieren. Einige Regeln sind zu beachten, damit der »Rasenersatz« gut gedeiht und später nur ein Minimum an Pflege erfordert.

Im Boden vorhandene, ausdauernde Unkräuter lassen sich aus einer eingewachsenen Pflanzung nur sehr schwer

Blütezeit	Frucht-schmuck	immergrün wintergrün	Herbst-färbung	Habitus
April–Juni		wintergrün		flächig
April–September		wintergrün		flächig
Juni–August		immergrün		flächig
April–Mai				flächig
April–Mai		immergrün		gedrungen
Juli–September			bronzfarbig	mattenförmig
Juni–August				kriechend
Juni–Juli		wintergrün		mattenbildend
Mai–Juni		immergrün		Blattrosetten
Mai–Juni		immergrün		Blattrosetten
Juli–August			rötlich	teppichartig
Juli–August		immergrün		teppichartig
Juni–Juli		immergrün		dichtrasig
Juli–August		wintergrün		teppichartig
		Woll; filzig weiß		flächig
Mai–Juli				flächig
Mai–Juni		immergrün		kompakte Polster
Juni–Juli				polsterförmig
Mai–Juni		immergrün		mattenbildend
Juni–Juli		immergrün		mattenbildend
Mai–Juni			rötlich	flächig
April–Mai		wintergrün		kriechend
Mai–Juni		wintergrün		kriechend
April–Mai		immergrün		kriechend
Mai–September				buschig
April–Mai		immergrün		horstig
April–Mai		immergrün		flächig

entfernen. Die Unkrautwurzeln sollten deshalb bei der Bodenbearbeitung sorgfältig ausgelesen werden. Da es unter den Bodendeckern stark- und schwachwachsende Arten gibt, ist es ratsam, diese nicht in zu enger Nachbarschaft zu pflanzen. Die robusteren verdrängen sonst die schwächeren. Will man eine großzügige Bepflanzung, nimmt man eine Art als »Grundthema« und pflanzt andere als Bereicherung und Ergänzung dazu. Für die Grundbepflanzung rechnet man etwa ⅔ der Pflanzfläche.

Manche Gehölze sollten nicht in Massen die ganze Fläche bedecken, sondern ebenfalls nur als Ergänzung verwendet werden, wie z. B. Cotoneaster oder Nadelhölzer.

Stauden

Art	Belichtung	Blütenfarbe
Aconitum carmichaelii var. wilsonii, Eisenhut	◐–●	amethystblau
Actea spicata, Christophskraut	◐–●	weiß
Alchemilla mollis, Frauenmantel	○–◐	grünlichgelb
Alyssum saxatile 'Compactum', Steinkraut	○	leuchtendgelb
Anemone hupehensis 'Septembercharm', Anemone	◐–●	rosa
Aster dumosus, Aster	○	je nach Sorte
Astilbe, Arendsii-Hybriden, Prachtspiere	◐	je nach Sorte
Astilbe japonica, Prachtspiere	◐	je nach Sorte
Brunnera macrophylla, Kaukasusvergißmeinnicht	○–◐	blau
Corydalis lutea, Lerchensporn	◐–●	hellgelb
Doronicum caucasicum, Gemswurz	○–◐	goldgelb
Geranium endressii, Storchschnabel	○–◐	hellrosa
Geranium platypetalum, Storchschnabel	○–◐	blauviolett
Geum coccineum 'Borisii', Nelkenwurz	○–◐	signalrot
Hemerocallis-Hybriden, Taglilie	○–◐	je nach Sorte
Hemerocallis minor, Taglilie	○–◐	zitronengelb
Hosta sieboldiana var. elegans, Funkie	◐–●	lilaweiß
Hosta sieboldii, Funkie	◐–●	lila
Inula ensifolia 'Compacta', Alant	○	gelb
Kirengeshoma palmata, Wachsglocke	○–◐	gelb
Lavandula angustifolia, Echter Lavendel	○	tiefblau
Lysimachia punctata, Felberich	◐–●	gelb
Primula denticulata, Kugelprimel	◐	rotviolett-weiß
Rudbeckia purpurea, Purpur-Rudbeckie	○	karminrot
Rudbeckia fulgida var. sullivantii, 'Goldsturm', Sonnenhut	○	goldgelb
Salvia nemorosa 'Mainacht', Salbei	○	blauviolett

Stauden

Mit ihren hübschen, meist unaufdringlichen Blüten bringen Stauden Atmosphäre und Farbe in einen Vorgarten. Gehölzpflanzungen werden durch sie belebt, und den Rosen dienen sie als Begleitpflanzen. Erst durch die Stauden wird eine Anlage – in Anlehnung an die baulichen Gegebenheiten – ein harmonisches Ganzes. Im Gegensatz zu den Sommerblumen müssen sie nicht jedes Jahr neu gepflanzt werden; manche von ihnen gedeihen sogar jahrzehntelang am gleichen Platz.

Einjahrsblumen

Einjahrsblumen sind Pflanzen, die nur eine kurze Lebensdauer haben, die uns aber während ihrer Wachstumsperiode

Blütezeit	Fruchtschmuck	immergrün wintergrün	Herbstfärbung	Habitus
August–Oktober				aufrecht
Mai–Juni				aufrecht
Juni–Juli				buschig
April–Mai				ausgebreitet
August–Oktober				aufrecht
August–September				buschig
Juni–Juli				buschig
Juni–Juli				buschig
April–Juni				horstartig
Mai–September				buschig
April–Mai				buschig
Juni–August		fast wintergrün		ausgebreitet
Mai–Juni				buschig
Juli–September				buschig
Juni–Juli				buschig
Mai–Juni				buschig
Juli–August				buschig
Juli–August				horstig
Juli–September				buschig
August–Oktober				buschig
Juni–Juli				buschig
Juni–Juli				buschig
März–April				horstig
Juli–September				aufrecht
Juli–September				buschig
Mai–Oktober				buschig

mit üppigen und farbenfrohen Blüten erfreuen können. Da sie jedes Jahr neu gepflanzt werden müssen, wird es sich der private Gartenbesitzer kaum leisten können, seine Beete, wie wir es in den öffentlichen Anlagen vielfach sehen können, jährlich zweimal neu anzulegen. So werden Einjahrsblumen im Vorgarten in erster Linie als Lückenfüller und belebende Farbtupfer verwendet.
Es gibt 3 verschiedene Gruppen:

- Sommerblumen, die ohne Vorkultur an Ort und Stelle ausgesät werden können,
- Sommerblumen, die eine mehr oder weniger lange Vorkultur im Gewächshaus oder Frühbeet verlangen,
- perennierende oder 2jährige Blumen.

Letztere werden im Juni oder Juli entweder direkt ins Freiland gesät oder auch im Frühbeet vorkultiviert, überwintern und kommen im Frühjahr zur Blüte.

Einjahrsblumen

Art	Belichtung	Blütenfarbe
Sommerblumen ohne Vorkultur		
Calendula officinalis, Gartenringelblume	○	gelb-orange
Dimorphotheca sinuata, Kapkörbchen	○	weiß, gelb, orange
Lavatera trimestris, Bechermalve	○	weiß, rosa
Lobularia maritima, Duftsteinrich	○–◐	weiß-violett
Portulaca grandiflora, Portulak	○	weiß, gelb-rot
Tropaeolum-Hybriden, Kapuzinerkresse	○	gelb, orange, rot
Sommerblumen mit Vorkultur		
Begonia-Semperflorens-Hybriden, Begonie	○–◐	rot, rosa, weiß
Cosmos bipinnatus, Schmuckkörbchen, Kosmee	○	rot, rosa, weiß
Cosmos sulphureus, Schmuckkörbchen, Kosmee	○	gelb-orange
Impatiens walleriana, Fleißiges Lieschen	○–◐	rot, rosa, weiß
Lobelia erinus, Lobelie	○	blau
Lobelia fulgens, Lobelie	○	scharlachrot
Rudbeckia hirta, Sonnenhut	○	gelb-kuper
Tagetes erecta, Tagetes patula, Sammelblume, Studentenblume	○	gelb, orange, braun
Thymophylla tenuiloba 'Sternschnuppe'	○	gelb
Verbena-Hybriden, Verbene	○	viele Farben
Zweijährige oder perennierende Blumen		
Bellis perennis, Gänseblümchen, Tausendschön	○–◐	rot, rosa, weiß
Cheiranthus cheiri, Goldlack	○	gelb-braun
Myosotis sylvatica, Vergißmeinnicht	○–◐	blau
Viola-Wittrockiana-Hybriden, Stiefmütterchen	○–◐	viele Farben

Seite 72. Links: Anemone blanda und Euphorbia polychroma. Rechts: Heliopsis und Helenium.

Rechts: Pflanzung mit verschiedenen einjährigen Sommerblumen.

Blütezeit	Frucht-schmuck	immergrün wintergrün	Herbst-färbung	Habitus
Juli–Oktober				buschig
Juli–August				ausgebreitet
Juli–September				aufrecht
Juni–September				niederliegend
Juni–September				niederliegend
Juli–Oktober				kletternd
				buschig
Mai–Oktober				aufrecht
Juli–Oktober				aufrecht
Juli–Oktober				aufrecht
Mai–Oktober				verästelt
Juni–Oktober				verzweigt
Juli–Oktober				aufrecht
Juli–September				aufrecht
Mai–Oktober				aufrecht
Juni–September				ausgebreitet
Juni–Oktober				ausgebreitet
April–Juni				niedrig
April–Juni				aufrecht
Mai–Juli				verzweigt
November–März				verzweigt

Beispiele

Der Vorgarten am Einfamilienhaus

In den Vorstädten mit vielen Einfamilienhäusern ist der Vorgarten meist die Regel. Die Häuser sind verschieden, die Garagen liegen jeweils anders, die Bedürfnisse der Bewohner sind unterschiedlich, und jeder Vorgarten hat deshalb seinen eigenen Charakter. Sind sie groß genug, trägt die Verschiedenheit auch zur Belebung des Straßenbildes bei.

Überlegungen

Auch beim Einfamilienhaus ist der Vorgarten das Bindeglied zwischen Straße und Haus, auf das er in Stil und Ausführung Bezug nehmen sollte. Bei einer durch Haustüre, Fenster, Sockel, Mauervorsprünge usw. lebhaft unterteilten Fassade sollte die Vorgartenfläche ruhig gestaltet sein. Wege und Platzflächen werden so angelegt, daß sie mit vorhandenen Linien am Haus harmonieren.

Geht man aufmerksam durch Vorstadtstraßen, sieht man, daß viele Ein-

Oben:
Ein Weg braucht ein Ziel.

Unten:
Stufen führen zum Eingang.

Links:
Buntgemischte Pflanzung.

familienhausbesitzer besonderen Wert darauf legen, ihren Besitz zu dokumentieren. Einerseits grenzen sie ihn durch Mauern, Zäune oder Hecken peinlich genau ein, andererseits versucht man, durch aufwendige und teure Bepflanzung zu zeigen, daß man kein armer Teufel ist. Oft ist der Vorgarten üppiger bepflanzt als der Wohngarten.

Schöne Gärten sind schlichte Gärten: durchdachte Wegeführung mit handwerklich gut verlegtem Pflaster oder Platten, passende Begrenzung, überlegte Pflanzung, zweckmäßige Beleuchtung. Der Zusammenklang dieser Elemente vermittelt Harmonie, den überladene, pompöse Gärten nicht erreichen.

Im Zeitalter der »Frau Saubermann« tragen viele Vorgärten – und Wohngärten – das unsichtbare Etikett »Hier wird abgestaubt«. Gerade bei Gartenbesitzern, die wegen des Lebens mit der Natur aus der Städte Mauern ausgezogen sind, ist es verwunderlich, daß der Vorgarten unbedingt pflegeleicht sein muß. Die Gartenarbeit wird im Wohngarten als Hobby betrieben, im Vorgarten aber als Plage empfunden. Vermutlich ist es der Zeitgeschmack, der sich wieder ändern kann und wieder ändern sollte.

Durch die steigenden Grundstückspreise werden die Bauplätze immer kleiner und damit auch die Vorgärten. Die Grünfläche tritt hinter anderen Notwendigkeiten zurück. Zugänge, Garagenzufahrt, Stellplatz, Mülltonnen usw. haben Priorität. Für Bepflanzung bleibt oft nur eine kleine Restfläche.

Planung

Wichtig für die Vorgartengestaltung ist die sorgfältige Planung der Wege. Ganz nützlich ist es manchmal, die während der Bauzeit entstandenen Trampelpfade zu beachten. Diese instinktiv gewählten Wege sind meistens die bequemsten, und man wird sie immer gern begehen.

Berücksichtigen müssen wir auch die Flächen am Haus, die wegen des überstehenden Daches oder wegen Mauernischen vom Regen nicht erreicht werden und ständig trocken sind. Nach einem starken Regen kann man feststellen, wie weit die trockene Fläche reicht, denn sie ist als Pflanzbeet ungeeignet. Sicher nimmt man sich vor, zu gießen. Aber wer denkt schon bei längeren Regenperioden daran oder hat Lust, bei strömendem Regen Gartenteile zu wässern. Entweder beziehen wir diese Flächen in die Wege mit ein, oder wir belegen sie mit verschieden großen Bachkieseln.

Wegeführung

Einige Grundregeln der Wegeführung sollte man beachten. Liegt das Haus nahe an der Straße, wird der Zugang zur Haustür gerade darauf zuführen. Der Weg sollte mindestens die Breite der Tür haben und die Mitte des Weges der Mitte der Tür entsprechen. Vor dem Eingang halten sich manchmal mehrere Personen auf, der Vorplatz muß deshalb genügend groß sein. Ein Weg braucht ein Ziel (s. Abb. Seite 75 oben). Liegt die Türe an einer Seitenfront des Hauses, darf der Weg nicht von einer Hausecke zerschnitten werden. Er wird so gelegt, daß er an der Ecke vorbeiführt.

Bei größerer Grundstückstiefe ist eine geschwungene Wegeführung oder ein Versetzen der Platten möglich. In Kurven oder Ecken pflanzen wir einen Baum oder Strauch. Sind sie größer geworden, denke man dann, daß der Weg absichtlich um die Pflanze herumgeführt wurde.

Grundstückssituationen

Je nach Lage des Grundstücks und der vorgeschriebenen Bauflucht kann das Haus auch an der straßenfernen Grenze stehen und der größere Teil des Gartens, der eigentliche Wohngarten zur Straße liegen. Man kann dann, obwohl er auch ein »Garten vor dem Haus« ist, nicht mehr von einem Vorgarten sprechen.

Steht die Garage an der Straße und ist das Haus weit zurückversetzt, könnte der Wohngarten durch Hecke, Mauer oder Zaun in der Flucht der Garage vom Straßenbereich getrennt werden. Die davorliegende Fläche, der eigentliche Vorgarten, bleibt dann offen. Vor Mauer oder Zaun pflanzen wir Bäume und Gehölze, die die gerade und strenge Abgrenzung überspielen und mildern.

Mauern, Böschung

Liegt das Haus im ansteigenden Gelände bzw. höher oder tiefer als die Straße, werden wir, wenn der Vorgartenraum klein ist, ohne Mauern und Stufen nicht auskommen. Bei mehr Raum wird der Höhenunterschied durch eine Böschung überwunden, die aber nicht zu steil sein sollte, damit das Erdreich nicht abgeschwemmt wird. Das Böschungsverhältnis sollte 1:2 nicht unterschreiten, d. h., die Böschung muß am Fuß doppelt so breit sein wie sie hoch ist. Abrundungen der Böschungskrone müssen immer schon im Erdkörper oder mit dem Schüttmaterial ausgebildet werden, nicht erst mit der Humusauflage.

Reicht die vorhandene Fläche nicht für eine »weiche« (flache) Böschung, kann das Gefälle auch mit einer niederen Mauer abgefangen werden. Höhere Mauern sollte man sicherheitshalber statisch berechnen lassen, damit sie dem Druck des dahinterliegenden Erdreichs standhalten.

Auch kesseldruckimprägnierte Rund- oder Kantholzpfähle, sogenannte Palisaden, können zur Geländeabstützung verwendet werden. Flach aufeinandergelegte und entsprechend verankerte gebrauchte Eisenbahnschwellen, durch die dunkelbraune Farbe oft kaum vom Erdreich zu unterscheiden, erfüllen den gleichen Zweck. In Stücke gesägte und senkrecht wie Palisaden eingebaute Schwellen kann man ebenso verwenden.

Stufen

Wenn das Gefälle für einen flach geneigten Weg zu steil ist, braucht man Stufen, um den Höhenunterschied zu Fuß überwinden zu können. Wenn man keine Stufen einbauen will, sollte das Gefälle 10 bis 12 % nicht überschreiten. Schräge Flächen erhöhen bei Glatteis die Rutschgefahr. Wegen des Kellers und aus Angst vor vielleicht eindringendem Wasser werden Häuser oft sehr hoch aus dem Gelände herausgesetzt. So ist ein ebenerdiger Ausgang nicht möglich, obwohl er am einfachsten Drinnen und Draußen verbindet. Alte Bauernhäuser z. B. betritt man fast immer ohne Stufe.

Geht es also nicht ohne eine oder mehrere Stufen, sollte die oberste oder einzige Stufe vor der Türe als Podest gebaut werden, damit man bequem darauf stehen kann. Auch der Fußabstreifer kann integriert werden.

Bei Mauern und Treppen ist das Material nicht so wichtig, entscheidend sind Proportionen und saubere Ausführung.

Bepflanzung

Die Bepflanzung des Vorgartens sollte die Höhepunkte des Wohngartens nicht vorwegnehmen. Ist die Grünfläche groß genug und nicht zu schattig, genügen Rasen und einige wenige schöne Pflanzen. Bei »Briefmarkenflächen« wirkt Rasen kleinlich und ist mühsam zu pflegen. Die Natur ist bestrebt, jede freie Humusfläche zu begrünen. Wie schnell sind kahle Böschungen oder auch der beim Bau abgeschobene Boden mit Pflanzen bedeckt. Je schneller wir eine geschlossene Pflanzendecke erreichen, desto geringer ist der Unkrautwuchs und die sich daraus ergebende Pflege.

Bodendecker

Es gibt genügend Stauden, die sich für eine flächige Begrünung eignen. Sie sind

Links: Strauchrosen lockern die Pflanzung auf.

Rechts: Zwei Gestaltungsmöglichkeiten für einen Vorgarten.

schöner als die viel verwendeten bodendeckenden Gehölze, wie z. B. Zwergmispel (*Cotoneaster dammeri* 'Skogholm'), Schneebeere (*Symphoricarpos chenaultii* 'Hancock') oder Kranzspiere (*Stephanandra incisa* 'Crispa'). Meist pflanzt man sie viel zu dicht und bedenkt nicht das kräftige Wachstum. Auch glaubt man, daß diese Arten keinerlei Pflege bedürfen. Ohne entsprechende Pflanzweite und regelmäßigen fachgerechten Schnitt treiben sich die Sträucher in die Höhe. Die dazwischen gepflanzten höheren Gehölze werden oft im Laufe der Jahre völlig überwuchert. Seitlich in Wege überhängende Zweige schneidet man oft rigoros und arbeitssparend mit der Heckenschere zurück. Das Resultat sind häßliche, an Matratzen erinnernde Pflanzflächen.

Flachwachsende Stauden und Halbsträucher überwachsen den Boden genauso dicht, bleiben niedrig, haben oft ein frischgrünes Laub und blühen zum Teil recht hübsch. Manche Arten sind auch im Winter grün.

Die dominierenden Pflanzen auf diesen Flächen sind Bäume, Sträucher und höhere Stauden. Auch Blumenzwiebel fühlen sich dazwischen wohl. Bei gleichen Kosten und kaum größerem Pflegeaufwand bringt man mit Stauden Leben und Abwechslung in den Vorgarten.

Böschungen

Eine flächige Bepflanzung eignet sich auch für Böschungen oft besser als Rasen, der an Hängen schwer zu mähen ist. An sonnigen steileren Flächen gedeihen Bodendecker-Rosen gut, aber auch viele sonnenliebende Stauden, die man als Rasenersatz verwenden kann. Ihre meist kräftigen Wurzeln sichern den Hang und den Humus vor Abschwemmung. Gehölze oder Rosen als Einzelpflanze oder in Gruppen gepflanzt, beleben die Böschung zusätzlich. Ein Vorschlag für eine sonnige Böschung wäre z.B. ein flächig gepflanzter Storchschnabel (*Geranium macrorrhizum*), dazwischen in Gruppen weiße Strauchrosen »Schneewittchen«.

Beispiel

Aufgabe im Beispiel auf Seite 79 war es, die Fläche vor Hauseingang und Garage so zu gliedern, daß genügend Parkfläche vorhanden ist, ohne den Eindruck eines »Pflastersees« zu bekommen. Zwischen Haustür und Garage wurde deshalb im Pflaster eine Pflanzfläche für einen Baum mit Unterpflanzung von Bodendeckern ausgespart. Man benötigt dafür nicht mehr Platz als für einen Trog, wie

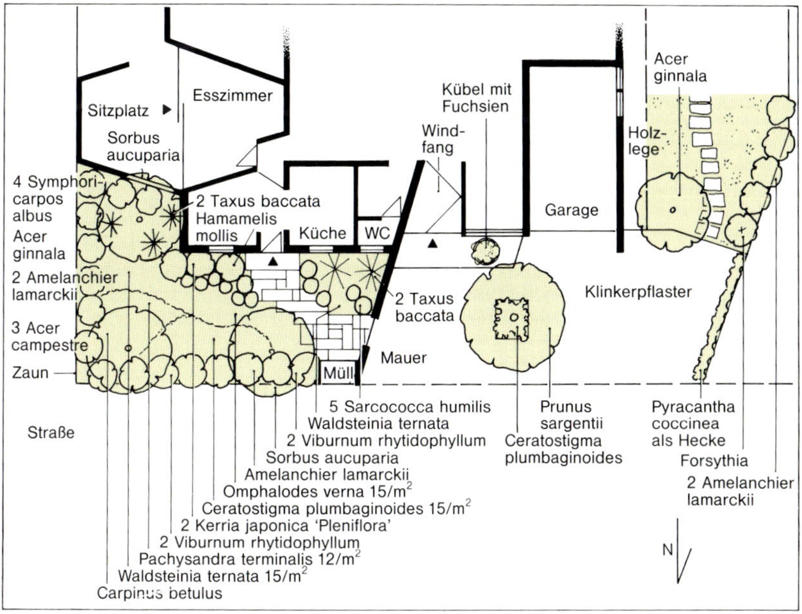

Sitzplatz
Esszimmer
Sorbus aucuparia
4 Symphoricarpos albus
Acer ginnala
2 Amelanchier lamarckii
3 Acer campestre
Zaun
2 Taxus baccata
Hamamelis mollis
Küche
WC
Kübel mit Fuchsien
Windfang
Garage
Holzlege
Acer ginnala
Klinkerpflaster
2 Taxus baccata
Mauer
Müll
Straße
5 Sarcococca humilis
Waldsteinia ternata
2 Viburnum rhytidophyllum
Sorbus aucuparia
Amelanchier lamarckii
Omphalodes verna 15/m²
Ceratostigma plumbaginoides 15/m²
2 Kerria japonica 'Pleniflora'
2 Viburnum rhytidophyllum
Pachysandra terminalis 12/m²
Waldsteinia ternata 15/m²
Carpinus betulus
Prunus sargentii
Ceratostigma plumbaginoides
Pyracantha coccinea als Hecke
Forsythia
2 Amelanchier lamarckii
N

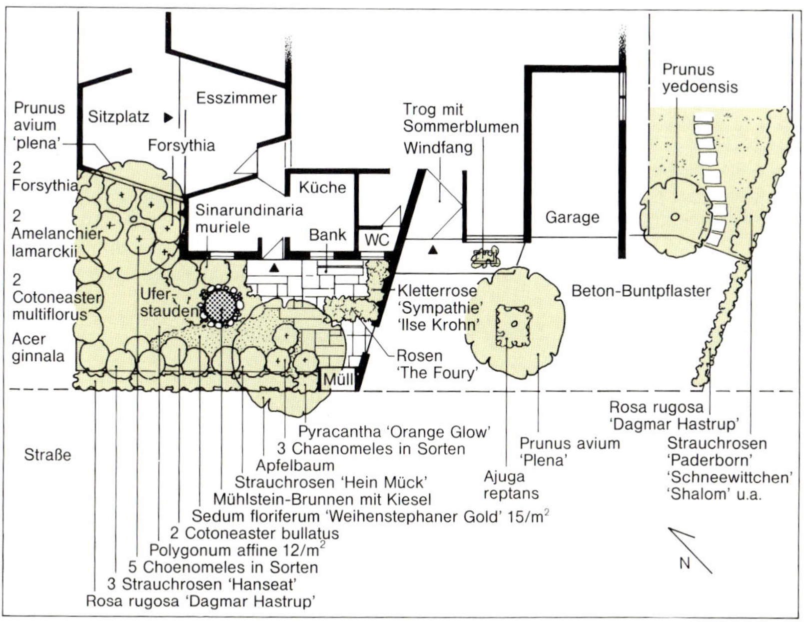

Prunus avium 'plena'
Sitzplatz
Esszimmer
Forsythia
2 Forsythia
2 Amelanchier lamarckii
2 Cotoneaster multiflorus
Acer ginnala
Sinarundinaria muriele
Küche
Bank
WC
Uferstauden
Trog mit Sommerblumen
Windfang
Garage
Prunus yedoensis
Beton-Buntpflaster
Kletterrose 'Sympathie' 'Ilse Krohn'
Rosen 'The Foury'
Müll
Straße
Pyracantha 'Orange Glow'
3 Chaenomeles in Sorten
Apfelbaum
Strauchrosen 'Hein Mück'
Mühlstein-Brunnen mit Kiesel
Sedum floriferum 'Weihenstephaner Gold' 15/m²
2 Cotoneaster bullatus
Polygonum affine 12/m²
5 Choenomeles in Sorten
3 Strauchrosen 'Hanseat'
Rosa rugosa 'Dagmar Hastrup'
Prunus avium 'Plena'
Ajuga reptans
Rosa rugosa 'Dagmar Hastrup'
Strauchrosen 'Paderborn' 'Schneewittchen' 'Shalom' u.a.
N

Offene Vorgärten an Reihenhäusern mit Bäumen.

er so oft zur Untergliederung aufgestellt wird.

Die Küche hat eine Tür, von der aus man bequem die Mülltonnen erreicht, die, wie auch Briefkasten und Sprechanlage, in eine niedrige Mauer eingebaut sind. Die nordseitige kleine Fläche vor der Küche, der eigentliche Vorgarten, wurde mit schattenverträglichen, bodendeckenden Stauden und zur Straße mit freiwachsenden Gehölzen bepflanzt.

Vorgarten am Reihenhaus

Beim Reihenhaus treten die Gestaltungsprobleme besonders konzentriert auf. Die Vielzahl der kleinen Grundstükke auf engem Raum sind sehr schmal und die Vorgärten manchmal nicht tiefer als 1 m. Verschiedene Eigentümer sind auf engem Raum zusammengedrängt, jeder will seine eigenen Vorstellungen verwirklichen. Dazu kommt häufig die öde Eintönigkeit der Architektur. Eine Straße gleicht der anderen. Dies gilt vor allen Dingen für Siedlungen, die nach dem 2. Weltkrieg mit sparsamen Mitteln gebaut wurden.

Gemeinschaftliche Gestaltung

Eintönigkeit und Langeweile könnte durch eine entsprechende Gestaltung der Vorgärten gemildert werden, d.h., wenn man ein Gesamtkonzept für eine ganze Anlage erstellen würde. Durch die Schaffung einiger Schwerpunkte ließe sich in manche gleichförmig wirkende Reihenhausanlage Leben bringen. Eine gemeinschaftliche Gestaltung kann aber nur zu einer befriedigenden Lösung führen, wenn der einzelne bei seinen persönlichen Wünschen Zurückhaltung übt.

Zunächst wäre eine gute Plazierung von Laubbäumen innerhalb einer Gesamtanlage wesentlich. Diese Leitpflanzen sollten als gestalterisches Grundgerüst betrachtet werden, das einer Siedlung Atmosphäre gibt. Die übrige Bepflanzung ist dann mehr ein Begleitgrün, das sich unterordnen muß (s. Abb. rechts).

Bedingung für eine gemeinschaftliche Gestaltung ist das Zusammenziehen mehrerer Vorgärten. Es wäre völlig unangebracht, die Vorgärten durch Zäune, Hecken oder Mauern von der Straße abzutrennen und dadurch sowohl Straßenraum als auch Vorgärten einzuengen. Bedingt durch die kleinen Grundstücke bietet sich die Straße sogar als zusätzlicher Freiraum an, der durch offene Vorgärten nicht nur erweitert, sondern auch schöner und liebenswerter erscheint. Ein Überladen mit einer Vielzahl von Pflanzen ist zu vermeiden, sondern eine dem Charakter entsprechend schlichte Begrünung anzustreben. So entstünde eine anheimelnde Atmosphäre, die man leider in vielen Reihenhaussiedlungen vermißt.

Einzelgestaltung

Welche Möglichkeiten hat der einzelne Reihenhausbesitzer bei der Gestaltung seines kleinen Fleckchens Erde vor dem Haus?

Bäume

Wichtig sind die Bäume. Falls nicht schon in der Gesamtanlage genügend vorhanden sind, sollte man daran den-

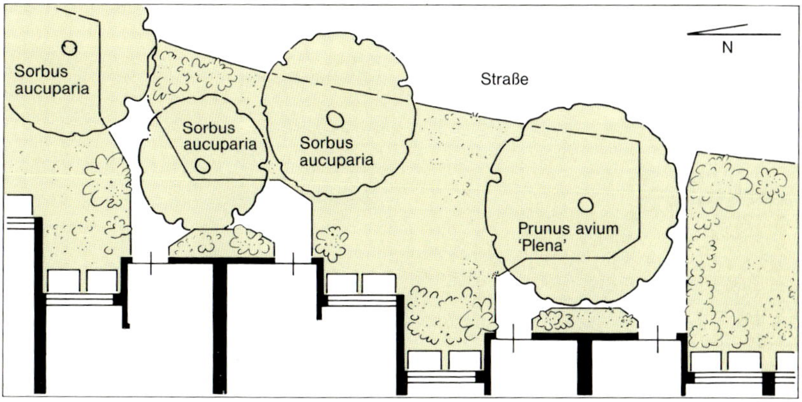

ken, daß auch in einem kleinen Vorgarten ein Platz für einen Baum gefunden werden kann. Zumeist ist der Eingangsbereich auf der Nordseite, so daß auch durch einen größeren Baum das Grundstück nicht zu sehr beschattet wird. Ein Baum »beschützt« einerseits das Haus, andererseits vermittelt er zwischen Gebäude und Straßenraum mehr als kleinere Gewächse. Bäume sind ungeheuer anpassungsfähige Pflanzen und gehen mit ihren Wurzeln vom Haus weg.

Es müssen ja keine großkronigen Bäume sein. Die gefüllte Vogelkirsche (*Prunus avium* 'Plena') mit ihren bezaubernden weißen Blüten im Frühjahr, Ebereschen (*Sorbus aucuparia*) mit ihrem roten Fruchtbehang im Herbst, Feldahorn (*Acer campestre*) oder Hainbuche (*Carpinus betulus*) bilden alle keine großen Kronen. Die Auswahl ist natürlich größer, hier seien nur einige Beispiele genannt. Es könnten auch Obstbäume sein, sie schaffen eine ländliche Atmosphäre und bringen mit ihren Blüten und Früchten den Wechsel der Jahreszeiten noch mehr zu Bewußtsein. Vorsicht ist bei Auwaldgewächsen, z. B. Pappeln und Weiden, geboten. Sie dringen mit ihren Wurzeln in Abwässerkanäle und verstopfen sie mit der Zeit vollkommen.

Unterpflanzung

Bei der Unterpflanzung sollte man sich auf möglichst einige wenige Pflanzenarten beschränken, wobei eine Absprache mit dem Nachbarn für alle Beteiligten von Vorteil sein kann. Ein hübsch angelegter Vorgarten kann nicht zur Wirkung kommen, wenn er nicht mit der Nachbarschaft harmoniert. Es ist verständlich, daß jeder bestrebt ist, seinem Eigenheim eine persönliche Note zu geben. Leider geht das meist auf Kosten des Gesamtbildes. Häufig entsteht statt einer Pflanzgemeinschaft ein Pflanzenkonglomerat, in dem keines der Gewächse zur Wirkung kommen kann. Wir sollten versuchen, Schwerpunkte zu setzen und uns auf einige Pflanzenarten beschränken. Dabei braucht man auf seine Lieblingsgewächse sicher nicht zu verzichten. In eine einheitliche Grundpflanzung über mehrere Vorgärten hinaus lassen sich leicht verschiedene Gewächse integrieren. Auf jeden Fall sollte man die Größenverhältnisse beachten und bedenken, wie groß die jeweiligen Pflanzen werden können.

Schmücken läßt sich ein Vorgarten z. B. auch mit Rankpflanzen. Eine üppig blühende Kletterrose kann einen ganzen Sommer lang in einem Vorgarten domi-

Links: »Farbengärten« an Reihenhäusern.

Rechts: Reihenhaus-Vorgärten in schattiger Lage.

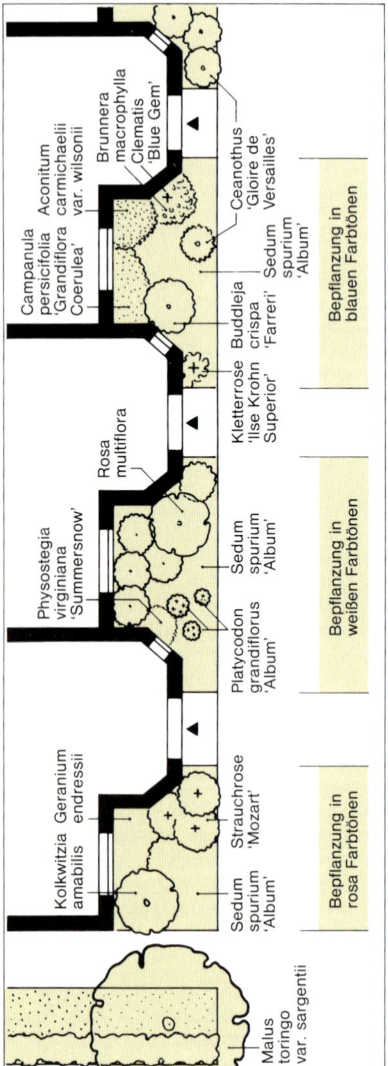

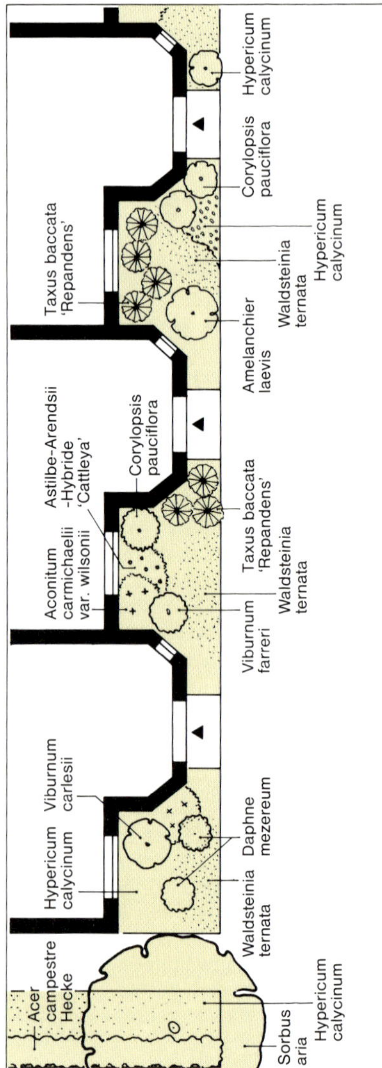

nieren. Ebenso lassen sich Pflanzschalen und Kübel verwenden. Man sollte auch an die Möglichkeit denken, einen Blumenkasten vor einem Fenster zum Vorgarten anzubringen.

Reihenhausvorgärten im Schatten

Im Beispiel wurden abwechslungsweise 2 verschiedene Pflanzenarten als Unterpflanzung gewählt. Einmal Waldsteinien (*Waldsteinia ternata*), eine flächig wachsende Pflanze mit immergrünen Blättern und kleinen gelben Blüten im Mai, und zum anderen Johanniskraut (*Hypericum calycinum*) mit ledrigen Blättern und gelben Blüten von Juli bis Oktober. In der Zusatzpflanzung erhält jedes Haus durch eine differenzierte Anordnung einzelner Sträucher und Stauden seine individuelle Gestaltung. Die Pflanzen wurden so ausgewählt und angeordnet, daß von Frühling bis zum Herbst immer etwas Blühendes zu sehen ist (s. Abb. Seite 82 rechts).

Pflanzung in einer einheitlichen Farbe

Sehr abwechslungsreich und für die Bewohner sicher nicht ohne Reiz ist eine farblich einheitliche Bepflanzung der einzelnen Vorgärten, wie sie im Beispiel für Reihenhausvorgärten in Sonnenlage dargestellt sind. Die Bewohner können sich – bei einer gleichbleibenden Unterpflanzung – für eine bestimmte Blütenfarbe ihrer Gewächse vor den einzelnen Häusern entscheiden.

Im vorliegenden Beispiel (s. Abb. Seite 82 links) wurde als generelle Unterpflanzung Teppichsedum (*Sedum spurium* 'Album') gewählt. Es bildet dichte Polster, Blüten gibt es nur vereinzelt in Weiß. Für die rosa Bepflanzung wurden neben dem Eingang 3 Strauchrosen 'Mozart' mit öfterblühenden großen rosa-weißen Blütenbüscheln vorgesehen. Wenn genügend Platz vorhanden ist, kann noch ein Perlmuttstrauch (*Kolkwitzia amabilis*) gepflanzt werden. Er blüht im Juni mit einer Überfülle von rosa Blütenglöckchen. Vor der Hauswand einige Storchschnabel (*Geranium endressii*), eine robuste Pflanze mit leuchtend rosa einfachen Blütenschalen von Juni bis August. Für die Frühjahrsbepflanzung können zwischen die Storchschnabel rosa lilienblütige Tulpen gepflanzt werden.

Bei der Bepflanzung in Weiß wurde vor dem Haus eine Gruppe des niederen buschigen Maiblumenstrauches (*Deutzia gracilis*) vorgesehen. Er blüht ab Mai mit üppigen weißen Blütenrispen. Neben der Doldenrose (*Rosa multiflora*) mit überhängendem Wuchs und einfachblühenden weißen Dolden ab Juni bis August eine Gruppe der weißblühenden Ballonblume (*Platycodon grandiflorus* 'Album'). Die duftende weiße Kletterrose 'Ilse Krohn superior' neben dem Eingang wird den ganzen Sommer bis in den Herbst hinein blühen. Für die Frühjahrsbepflanzung können zwischen die Teppichsedum weiße Krokus und vor die Maiblumensträucher weiße Narzissen in Gruppen gepflanzt werden.

Für eine Bepflanzung mit blauen bis lila Farbtönen wurden an Sträuchern ein Sommerflieder (*Buddleja crispa* 'Farreri') mit kleinen lila Blütenrispen im Juli–August und eine Gruppe Säckelblumen (*Ceanothus*-Hybride 'Gloire de Versailles'), die ab Juli bis zum Frosteintritt in langen dunkelblauen Rispen blühen, vorgesehen. In der Mitte vor dem Haus die blaue Glockenblume (*Campanula persicifolia*) als Frühsommerblüher und Eisenhut (*Aconitum wilsonii*) als Spätherbstblüher. Als Rankpflanze eine blau blühende Waldrebe (*Clematis*-Hybride 'Blue Gem'). Zur Beschattung ihrer Wurzeln einige der im Frühling blühenden Kaukasusvergißmeinnicht (*Brunnera macrophylla*).

Als weitere Frühjahrsblüher können noch einige blaue Hyazinthen zwischen die Stauden und Bodendecker gepflanzt werden.

Weg

Der Eingangsweg selbst bietet auch die Möglichkeit der individuellen Gestaltung. Er sollte mit einem Material belegt werden, das auch bei Regen, Schnee und Glatteis griffig und gut begehbar ist.

Die Regel »Je einfacher desto besser« gilt auch hier. In jedem Fall muß bedacht werden, daß Form, Farbe und Material zum Stil des Hauses passen.

Der Vorgarten am Mehrfamilienhaus

Viele Menschen wohnen sicher bewußt in Mehrfamilienhäusern oder Wohnblocks; Menschen, die sich nicht mit Pflanzen oder Gärten beschäftigen, für die andere Dinge wichtiger sind. Sie wollen nicht am Feierabend Unkraut jäten, Rasen mähen, Laub fegen. Wichtig ist für sie die Bequemlichkeit: mit dem Auto bis vor die Haustür fahren zu können oder sie zumindest auf kürzestem Weg zu erreichen. Es ist ihnen gleichgültig, ob das Haus von Asphalt oder Betonpflaster umgeben ist, oder ob Bäume, Büsche, Rosen und Rasen den Weg säumen. Irgendwann aber merken auch sie, daß etwas fehlt, und nun wollen auch sie zeitgemäß »im Grünen« wohnen. Sie entdecken, daß sie sich zu weit von der Natur entfernt haben oder von der Wohnbaugesellschaft dazu gezwungen worden sind.

Der Raum vor dem Mehrfamilienhaus ist heute mehr erweiterte Straßenfläche als vergrößerter Wohnraum. Die Haustür ist die Grenze zwischen privatem und öffentlichem Bereich. Der Vorgarten wird nicht genutzt, den Blumenschmuck pflegt man auf der Fensterbank im Zimmer.

Ratschlag für Bauträger

Im Wohnblock oder Mehrfamilienhaus ist der Mieter oder Wohnungsbesitzer so gut wie nie an der Gestaltung der Grünflächen beteiligt. Sie werden im Zuge des Bauens geplant und ausgeführt, möglichst rationell, pflegeleicht, ohne große Überlegungen. An die Bedürfnisse der Bewohner wird selten oder gar nicht gedacht. Wählt jemand z.B. eine Parterre-Wohnung, liegt ihm meistens an einem ebenerdigen Zugang zur Terrasse, auf der er sich aufhalten möchte. Nicht selten findet er nur ein paar Quadratmeter Platten vor, vielleicht ein paar mehr oder weniger lieblos ausgesuchte Sträucher als Sichtschutz. Wünschenswert wäre eine durchdachte Grundpflanzung, die den Bewohnern aber noch die Möglichkeit zur Gestaltung ihres persönlichen Umfeldes läßt. Bauträger und Verwaltung würden erhebliche Mittel für An-

Wenig Platz und trotzdem grün.

lage und Pflege sparen. Was man selbst pflanzt, pflegt man besser als bauseits verordnetes Grün.

Hin und wieder kann man zaghafte Versuche beobachten, aus der Abgeschlossenheit der Wohnung herauszutreten: Ein Blumentopf wird neben die Haustür gestellt, oder entlang der Hauswand entstehen Minigärtchen – wenn es die Hausverwaltung nicht unterbindet –, die das triste Einerlei aufzulockern versuchen. Es sollte viel mehr Phantasie aufgewendet werden, um auch auf kleinen Flächen ein Höchstmaß an Möglichkeiten zu schaffen, Natur zu erleben. Der finanzielle Aufwand für eine individuelle und gut durchdachte Bepflanzung ist nicht größer als bei der üblichen langweiligen »Cotoneaster-Plantage«.

Bepflanzung

Ohne die gewisse Großzügigkeit einer Wohnanlage zu verlieren, könnte jeder Wohnblock, jeder Eingang ein charakteristisches Milieu erhalten und so bepflanzt sein, daß jeder Bewohner weiß und erlebt: »Wo die Vogelbeere oder die Kirsche blüht, da wohne ich.« Weshalb sollte man sich am Morgen nicht einmal eine Rose aus dem Vorgarten mit ins Büro nehmen können, warum sollen Großstadtkinder nicht das Blühen und Fruchten eines Obstbaums erleben dürfen?

Diese Gefühlsbindung ist geradezu Voraussetzung für die Entstehung einer Art von Heimatgefühl und für das Verständnis für die Schutzwürdigkeit der Natur und alles Lebendigen. Erwiesen ist, daß diese Wurzel- und Heimatlosigkeit zum Krisenherd der Großstadtgesellschaft wurde. Es genügt nicht, nur an zivilisatorische Hygiene zu denken, seelische und geistige Faktoren sind ebenso wichtig. Auch der Städter hat ein Recht auf Natur, mit grünen Ersatzmitteln wird dem nicht Genüge getan.

Das Verhältnis zu Natur und Ästhetik unterliegt Wandlungen. Bei allen an Planung und Bau Beteiligten und bei breiten Schichten der Bevölkerung ist ein Umdenken erforderlich. Der Lebensraum (Freiraum) besonders in den Städten ist zu knapp, um nur noch als repräsentatives Grün zu dienen, bei der das Erlebnis von Entstehen und Vergehen, vom Wechsel der Jahreszeiten durch immergrüne Monotonie verdrängt wird. Das wachsende Verständnis für die Bedürfnisse der Bewohner und notwendige Veränderungen lassen hoffen, daß man sich zukünftig mehr auch mit kleinen Vorgartenflächen beschäftigen wird, als es bisher der Fall war.

Gerade in Siedlungen mit Wohnblocks müßte der Straßenraum mehr Funktio-

Unten: Vorgarten am Mehrfamilienhaus.

Rechts: Mit Stauden bepflanzter Wall ohne Zaun als Begrenzung zur Straße.

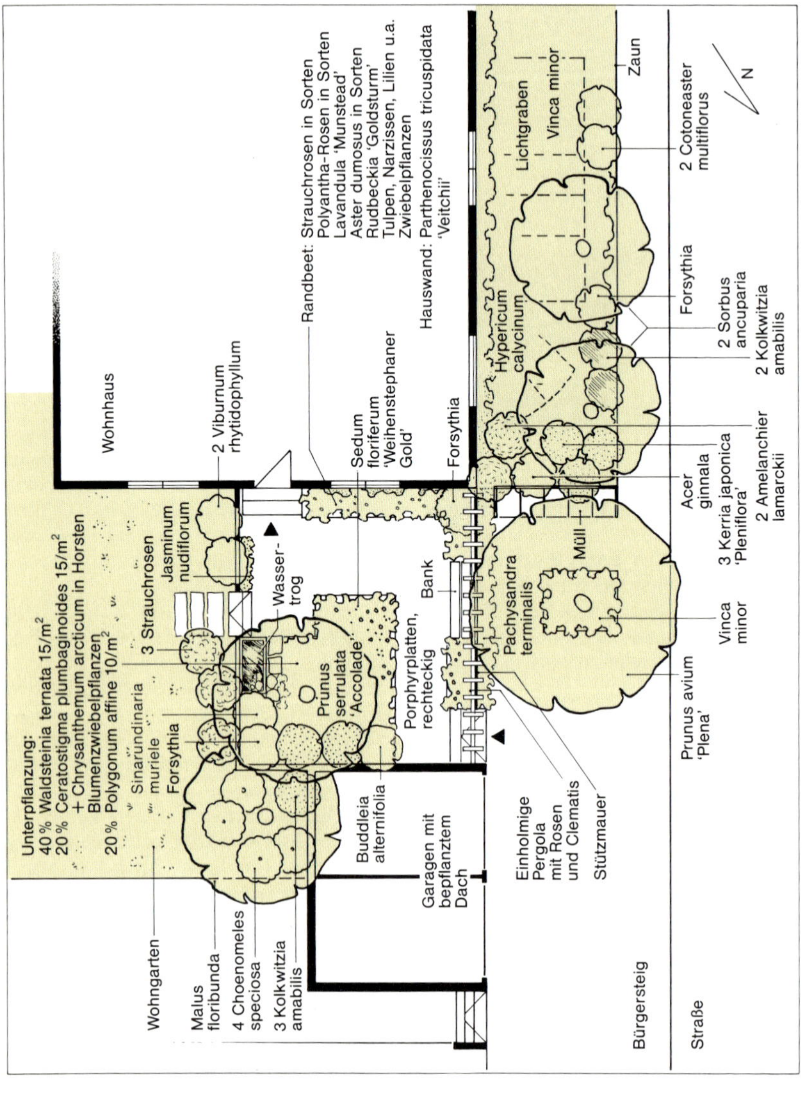

nen bekommen und nicht nur der Fortbewegung von Menschen und Waren dienen. Weil so wenig privat zu nutzende Möglichkeiten vor der Haustür gegeben sind, flüchtet der Bewohner am Wochenende in die »Erholungslandschaft«.

Kinder im Wohnblock

Vor allem Kindern fehlt die Kontaktzone vor der Haustüre oder doch in Wohnnähe. Kleinere Kinder spielen am liebsten in der Nähe der Erwachsenen. Das ist auch der Grund, daß Spielplätze nur zu 10 bis 15% und nur im Sommer ausgenutzt werden. Kinder können nur in die Welt der Erwachsenen hineinwachsen, wenn sie die Möglichkeit haben, menschliche Verhaltensweisen zu beobachten und sich anzueignen. Das Erleben menschlicher Aktivitäten übt die stärkste Anziehungskraft auf Kinder aus. Wichtiger als der bequeme Verkehr von Autos im Wohnbereich ist, daß sich Menschen wohlfühlen, daß sie Kontakt zueinander finden.

Beispiele für die Umgestaltung von Vorgärten finden wir besonders in Holland und der Schweiz. In den vom Durchgangsverkehr befreiten Wohnstraßen blieben die Flächen vor den Häusern der Nutzung der Bewohner überlassen. Dort sitzen Familien am Kaffeetisch, werden Blumen oder Gemüse angebaut, spielen Kinder. Die so entstehenden sozialen Bindungen veranlassen auch zu gemeinsamen Diskussionen und Beschlüssen, die die gesamte Straße erfassen. Die Bürger übernehmen Verantwortung. Vorgärten sind dort nicht nur Grünflächen, sondern Freiraum für die Originalität und Kreativität der Nutzer.

Beispiel

In dem Haus in München sind Wohnungen und Büros untergebracht, auch im Untergeschoß. Der Hauseingang liegt

Unten: Repräsentative Bepflanzung an einem Stadthaus.

einige Stufen höher als die Straße. Der Höhenunterschied wurde durch eine niedere Mauer ausgeglichen, die in die Flucht der Garagen versetzt ist. Eine einholmige Pergola über der Mauer, mit Kletterpflanzen bewachsen, gibt dem Vorgarten den Charakter eines Gartenhofes mit Bänken und abwechslungsreicher Bepflanzung. Die Mülltonnenschränke sind als durchgehende Mauer angeordnet, die den Lichtgraben zu den Büros im Untergeschoß begrenzen. In die zum Grundstück gehörende Gehwegfläche pflanzte man zur Auflockerung einen Baum (s. Abb. Seite 86).

Der Vorgarten am Stadthaus

Ein repräsentatives Gebäude bringt einen gewissen Anspruch auf Exklusivität mit sich. Wenn dieser Anspruch nur dem Gebäude und nicht auch seinem näheren Umfeld zugestanden wird, so wird es entwertet. Zur näheren Umgebung gehört in erster Linie der Vorgarten. An ihn werden höchste Ansprüche gestellt.

Viele repräsentative Altbauten, zum Teil waren es hochherrschaftliche Wohnpalais, werden und wurden in der Vergangenheit in Büro- und Geschäftshäuser umfunktioniert. Bei der Fassade verhindern meist strenge Auflagen grobe Fehler und Eingriffe. Innen wird dann mit großem Aufwand umgebaut. Übrig bleibt der Vorgarten. Falls man ihn nicht in einen Parkplatz umwandelt, macht man sich darüber wenig Gedanken. Es wird dann vielleicht der Hausmeister oder ein Gärtner beauftragt, sich um das Grün zu kümmern. Man pflanzt irgend etwas, was gerade angeboten wird.

Grundüberlegungen

Bei Stadthäusern handelt es sich meistens um mehrstöckige Bauten. Wenn der Vorgarten sehr schmal ist, kann er wie ein verbreiteter Sockel wirken. Die Form seiner Ausgestaltung ist sehr we-

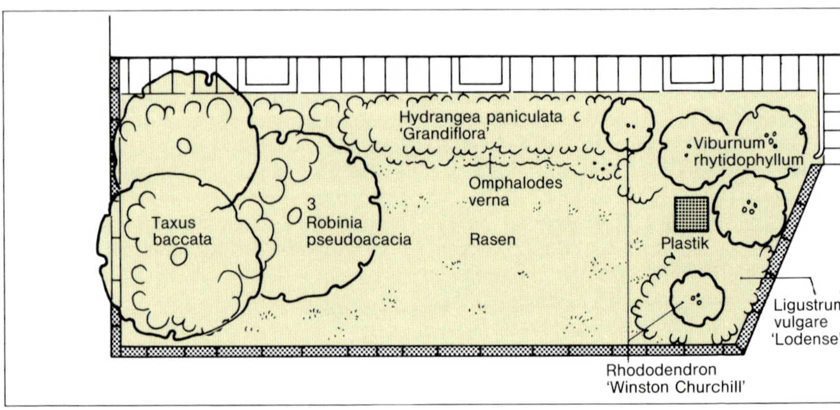

sentlich. Rücksicht ist weniger auf die Art der Nutzung des Gebäudes als auf die Architektur zu nehmen. Bei der Gestaltung müssen ihre Wesensmerkmale hervorgehoben werden.

Wo genügend Platz ist, müssen es nicht ausschließlich Pflanzen sein, die den Vorgarten schmücken. Eine Plastik oder ein Brunnen, richtig angebracht, können sehr beleben.

Bepflanzung

Bei der Pflanzung spielen nicht nur die richtigen Proportionen eine große Rolle, es wird auch an die Pflanzen selbst ein hoher Qualitätsanspruch gestellt. Wenn die Architektur es verlangt, können streng geschnittene Pflanzen wie Eiben, Buchs oder auch Hecken verwendet werden. Auch eine aufwendige Rosenpflanzung kann nobel wirken. Die ausdruckstarken Hortensien und – wo es die Boden- und Klimaverhältnisse erlauben – auch Rhododendron können hier einen Platz finden. Eine Pflanzung zarter Fuchsien in einer Kombination von Hochstämmen und Büschen wäre durchaus denkbar. Die Pflanze ist in erster Linie Beiwerk und verlangt Einfühlungsvermögen.

Beispiel

Beim vorliegenden Beispiel eines repräsentativen Stadthauses aus den 60er Jahren wurde die Symmetrie des Gebäudes im Vorgarten weiter geführt. Mit der Bepflanzung wurde auch die zu hoch erscheinende Sockelzone weitgehend kaschiert (s. Abb. unten).

Der Eingang wurde mit je 3 immergrünen Zungen-Schneebällen (*Viburnum rhytidophyllum*) betont. Seine cremeweißen flachen Blütendolden blühen gleichzeitig ab Mai mit den daneben gruppierten Azaleen (*Rhododendron*-Hybride 'Winston Churchill'), einer leuchtend orangeroten Sorte, die besonders gut zu der Blüte des Zungen-

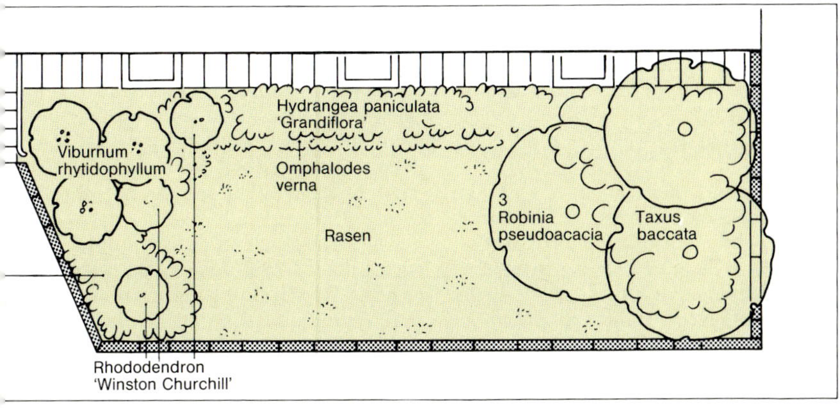

Schneeballes paßt. Um die Azaleen wurden einige niedrige Liguster (*Ligustrum* 'Lodense') gepflanzt. Links und rechts vor dem Gebäude je eine Gruppe Scheinakazien *(Robinia pseudoacacia)* die mit Eiben *(Taxus baccata)* unterpflanzt wurden. Vor dem Gebäude eine Reihe Rispenhortensien (*Hydrangea paniculata* 'Grandiflora') mit cremeweißen Blüten Juli bis August. Als Unterpflanzung Gedenkemein *(Omphalodes verna)* mit vergißmeinnichtartigen Blüten im März bis Mai. Eine Plastik neben dem Eingang unterstreicht den repräsentativen Charakter (s. Abb. Seite 89).

Eingangsbereiche

Für Eingänge und Einfahrten gilt im Prinzip das gleiche wie für die Pflanzung. Eine besondere Sorgfalt ist bei der Auswahl der Beläge und ihrer Anpassung der Formen, Farben und Qualität an die baulichen Gegebenheiten vonnöten.

Die Architektur ist also wesentlich und fordert mit ihrer Dominanz eine sehr starke Anpassung. Dies trifft besonders für die historischen Bauten zu. Hier sollten die Vorgärten etwa im Stil der jeweiligen Zeit, in der die Gebäude entstanden sind, angelegt werden.

Der Bauerngarten

Der Bauerngarten nimmt unter den Vorgärten eine Sonderstellung ein. Mit geringen Wandlungen hat er alle Stilepochen überstanden. Geprägt wurde er bereits im 1. Jahrtausend n. Chr. von den Klöstern, wo die ersten richtigen Gärten zunächst als bepflanzte Flächen an Klostergebäuden entstanden sind. Unverkennbar beim Bauerngarten ist die Kreuzform der Wege, wie sie in klösterlichen Anlagen üblich war. Sie hat sich bis heute erhalten.

Die Bauern waren damals in mehrfacher Hinsicht von den Klöstern abhängig. Die Mönche und Nonnen brauchten z. B. viele Heilpflanzen, denn die Klöster waren die ärztlichen Versorgungszentren jener Zeit. Reichte der Platz in den Klostergärten für den Anbau nicht, lie-

Links: Auch in der Stadt fühlen sich viele Pflanzen wohl.

Rechts: Adretter Bauerngarten.

ßen sie die fehlenden Mengen an Heilkräutern in den Bauerngärten anpflanzen.

Entwicklung

In seiner ursprünglichen Form war der Bauerngarten ein reiner Nutzgarten mit Obst, Gemüse, Kräutern und Feldfrüchten. Auch die in der »Landgüterverordnung« Karls des Großen (742 bis 814 n. Chr.), der »Capitulare de villis et artis imperialis“, aufgeführten schönblühenden Pflanzen wie Rosen, Lilien, Malven und Schwertlilien, wurden als reine Nutzpflanzen zur Herstellung von Heilmitteln gebraucht. Sicher spielte hierbei die Ästhetik, die Schönheit und Buntheit der Blüten schon damals eine sehr große Rolle.

Im Gegensatz zum Städter hat der Bauer nicht das Bedürfnis, im Garten zu »wohnen«. Ihm genügt es, vor der Hausbank auf Blumen, Gemüse und Hausbaum zu schauen. Nur selten wurde der Garten deshalb in den Wohnbereich einbezogen. In einem sogenannten »Hausväterbuch«, einer »Unterweisung in der Bestellung eines Land- und Freigutes« von Emanuel König aus Basel, in dem er 1705 alle Gemüse und Gewürzpflanzen der damaligen Zeit beschreibt, steht jedoch: »Der Blumengarten gibt dem ganzen Werke den größten Wohlstand: er soll nicht hinter dem Baum- und Küchengarten, sondern um des Prospectes willen stracks bey dem Eingange geordnet werden.«

Wo nun der Hauseingang liegt, hängt ganz vom Baustil und Orientierung des Hauses nach der Himmelsrichtung ab. Beim oberbayrischen Einfirsthof beispielsweise liegt der Eingang meist an der östlichen Giebelseite, der Garten an der günstigeren Südseite. Er liegt zwar auch »vor dem Haus«, ist aber kein eigentlicher Vorgarten.

Zum bäuerlichen Vorgarten bzw. zum Bauernhaus gehören auch schon immer Blumenkästen und Pflanzkübel. Auch heute noch werden üppig bepflanzte Balkonkästen, Töpfe und Kübel von der Bäuerin zur eigenen Freude gehegt und gepflegt.

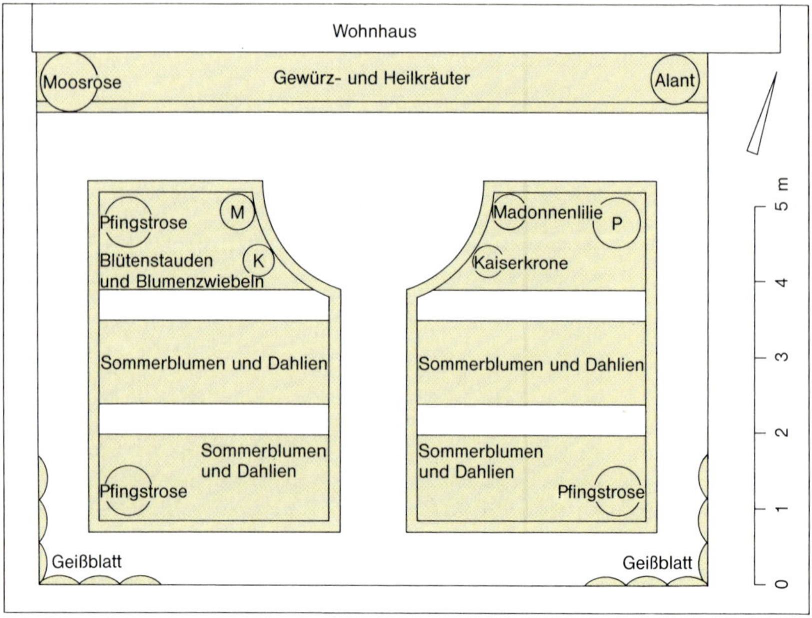

Der heutige Bauerngarten

Viele Städter ziehen heute aufs Land. Wer es sich leisten kann, kauft ein altes Bauernhaus und baut es um. Dabei interessiert man sich für dessen Tradition und spart nicht an Geld und Mühe. Daß der dazugehörende Garten seine eigene Überlieferung hat, wird nicht beachtet.

Mit der Zersiedelung der Landschaft geht die Zerstörung der bäuerlichen Tradition Hand in Hand. Die neuen Häuser paßt man – architektonisch mehr oder weniger geglückt – dem ländlichen Stil an. Die pseudo-paradiesischen Vorstellungen vom »Leben in der Natur« werden vom Städter aufs Land übertragen, auch seine Vorstellungen von Gartenschönheit. Häufig werden diese Ideale von Bequemlichkeit (pflegeleicht) und Geltungsbedürfnis (möglichst teuer) diktiert. Auch der jeweilige »Trend« in der Gartenarchitektur wird übertragen. Besonders der Vorgarten wird so gestaltet, daß er zwar zu jedem Bungalow paßt, nicht aber aufs Land.

Sicher hat man bei der Planung die gleichen Probleme zu lösen wie bei einem Haus im städtischen Bereich. Für eine harmonische Einbindung in den ländlichen Raum genügt nicht, daß nur Balkonkästen verschwenderisch bepflanzt werden, der Garten aber beziehungslos bleibt. Durch diese Entwicklung verändert sich das Bild der Dörfer grundlegend. Ganz vergessen wird, daß sich nur der Bauerngarten, seine Grundformen und ein großer Teil seiner charakteristischen Pflanzen über Jahrhunderte erhalten hat, im Gegensatz zu Parks und Gärten in der Stadt, die einem ständigen Stilwechsel unterlagen.

Sicher ist die Zeit der klassischen Form des Bauerngartens vorbei. Zu modernen Aussiedlerhöfen und Einfamilienhäusern würden sie kaum passen und es wäre die Nostalgie zu weit getrieben, würde man versuchen »historische

Bepflanzungsplan für einen Bauerngarten mit vielen Blumen.

Gärten« nachzubauen. Trotzdem sollte man die – landschaftsbedingt verschiedenen – Grundgedanken bäuerlicher Gartenkultur nicht ganz vergessen.

Pflanzung

Der entscheidende Unterschied zwischen städtischem und bäuerlichem Garten liegt in der Bepflanzung. Der »verzierte Nutzgarten« sollte auch heute noch die Grundidee des ländlichen Gartens sein. Die Beschränkung auf die typischen Bauerngartenpflanzen ist gewiß nicht notwendig, aber Obstbäume, bodenständige Gehölze, Stauden und Rosen in nicht zu hochgezüchteten Sorten passen besser als Blaufichten und andere Exoten. Wie malerisch kann ein Holunderbusch in seiner Blütenfülle sein! Unersetzlich sind die einjährigen Sommerblumen, die eine bunte Vielfalt bringen. Kräuter und Gemüse können sich dazu gesellen. Weshalb nicht einmal Tomaten als rote Farbtupfen zwischen Stauden pflanzen? Jede schnurgerade Rabatte verliert ihre Strenge, wenn vielerlei Pflanzen zusammenwachsen und die Kanten überspielen.

Planung eines bunten Beetes

Rosen und Stauden pflanzt man in Gruppen und läßt dazwischen Raum für die Einjährigen. Als ersten Flor kann man hier Stiefmütterchen (*Viola*-Wittrockiana-Hybriden), Vergißmeinnicht (*Myosotis*-Hybrida) oder Maßliebchen *(Bellis perennis)* pflanzen. Sind sie verblüht, füllt man die Lücken mit einjährigen Sommerblumen, die man zum Teil an Ort und Stelle säen kann oder nach den Eisheiligen Mitte Mai auspflanzt. Manche Sommerblumen versamen sich selbst und kommen jahrelang wieder. Für sonnige Vorgärten ist die Auswahl groß, aber auch für absonnige Bereiche gibt es genügend Einjährige, die zu schattenliebenden Stauden passen, z.B. Fleißiges Lieschen *(Impatiens walleriana)*, Begonien oder Bechermalven *(Lavatera trimestris)*, die auch Halbschatten vertragen. Fuchsien kann man samt den Töpfen eingraben, wenn man sie im Herbst herausnehmen und überwintern will.

Blumenzwiebel

Um schon im zeitigen Frühjahr Farbe in der Vorgarten zu bringen, legt man im Herbst zwischen die Stauden Blumenzwiebel. Vorteilhaft ist, daß die Blätter von Tulpen und Narzissen nach dem Verblühen im hochwachsenden Laub der Stauden verschwinden und nicht stören. So können die Zwiebeln in Ruhe einziehen, um im nächsten Jahr wieder üppig zu blühen.

Zaunbepflanzung

Statt rustikaler Zäune, hinterpflanzt mit geschnittenen Thuja-Wänden, wären locker wachsende Gehölze oder Strauchrosen passender. Will man nicht ganz auf einen Zaun verzichten, sollten es möglichst leichte Konstruktionen sein. Setzt man ihn etwas von der Straße zurück, kann man davor einen Streifen bepflanzen. Nirgendwo sehen Dahlien schöner aus als am Zaun ländlicher Gärten. Staketenzäune kann man mit Feuerbohnen oder Kapuzinerkresse beranken lassen oder Kletterrosen daran ziehen.

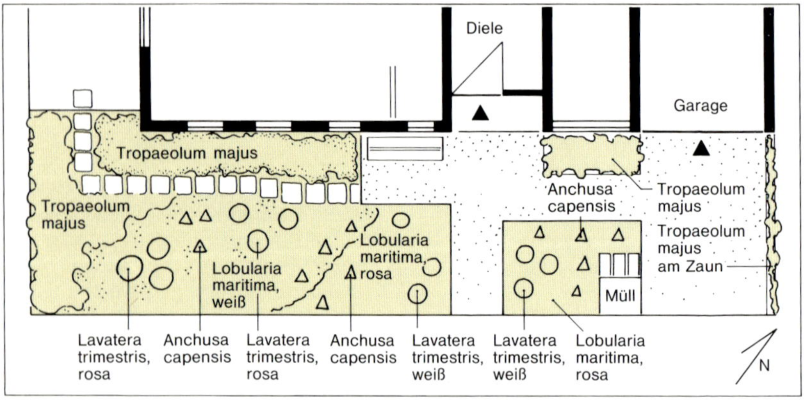

Die Unbefangenheit, Liebe und Freude, mit der in Bauerngärten kunterbunt zusammengepflanzt wurde, ist heute oft allzuvielen und oft etwas verkrampften künstlerischen Überlegungen gewichen. Gerade in unserer sich ständig verändernden Umwelt sollten wir uns wieder mehr auf bewährte und schöne Dinge und Erfahrungen besinnen und sie nicht gänzlich untergehen lassen.

Der Vorgarten für einen Sommer

Das Haus ist fertig gebaut, man ist eingezogen, und jetzt wartet der Garten auf Bepflanzung. Wenigstens vor dem Haus möchte man es grün haben. Aber man hat viel Geld ausgegeben und für Gehölze, Rosen und Stauden reicht es im Augenblick nicht. Meist ist die günstige Pflanzzeit auch schon vorbei, und Containerpflanzen, die man auch im Sommer pflanzen könnte, sind teuer. Läßt man die Pflanzflächen brach liegen, verdichtet der Boden und / oder verunkrautet. Als Zwischenlösung bieten sich die einjährigen Pflanzen an: Mit ihnen können wir die Zeit bis zur Pflanzung der Gehölze usw. überbrücken und uns an schnell wachsenden Blumen erfreuen.

Gründüngung

Bei schlechten und stark verdichteten Böden wäre an eine Gründüngung zu denken. Als Gründüngung werden Saatgutmischungen, die es im Fachhandel gibt, an Ort und Stelle eingesät. Die rasch treibenden Pflanzen beschatten den Boden, erhalten das so wichtige Bodenleben und lockern mit ihren zum Teil tiefreichenden Wurzeln die verdichteten Flächen. Teilweise wird Stickstoff aus der Luft pflanzenverfügbar gemacht (Leguminosen, z.B. Lupinen) oder Bodenschädlinge (Bodenälchen, Nematoden), werden vernichtet. Gründüngung kann bis Mitte Juli ausgesät werden. Manche Mischungen enthalten zahlreiche hübsche Blumen. Die Grünmasse wird entweder gemäht und kompostiert oder im Herbst bzw. Frühjahr in den Boden eingearbeitet.

Sommerblumen

Ein anderes »Rezept« für eine flächige und preiswerte Bodenbegrünung ist die Verwendung von Kapuzinerkresse (*Tropaeolum majus*, s. Abb. Seite 95). Eigentlich gilt sie als einjährige Rankpflanze zur Begrünung von Zäunen und Pergolen. Als Hängepflanze verdecken

Links: Bepflanzung für einen Sommer.

Rechts: Rankende Kapuzinerkresse (Tropaeolum majus).

ihre Ranken auch unschöne Mauern oder wachsen aus Balkonkästen und Kübeln. Sie wächst aber genauso gut auf der Erde, überzieht Beete und Böschungen mit ihrem dichten Blattwerk und verhindert Austrocknung und Unkrautwuchs.

In voller Sonne blüht sie üppig, in Halbschattenlagen etwas spärlicher. Blätter und Blüten sind eßbar, man kann sie als Beigabe zu Salaten verwenden. Berühmte Köche verzieren mit den orangefarbenen Blüten ihre Speisen. 100 g Samen ergeben etwa 500 Pflanzen. Man legt die Körner im Abstand von 20 cm ab Mai. Die Kapuzinerkresse ist sehr frostempfindlich, deshalb nicht zu früh aussäen.

Für sonnige Lagen eignet sich auch die flächige Aussaat von Ringelblumen *(Calendula officinalis)*. Man rechnet mit einer Saatgutmenge von etwa 5 g/m^2. *Calendula* kann man auch schon im Herbst ansäen, sie blühen dann etwas früher. Da sie etwas Frost vertragen, hat man manchmal bis in den November Schnittblumen.

Zu den gelben und orangefarbenen Ringelblumen passen die vergißmeinnicht-ähnlichen blauen Blüten der Ochsenzunge *(Anchusa capensis)*. Die Aussaat erfolgt im Mai an Ort und Stelle. Die Pflanzen werden etwa 50 cm hoch.

Ein Teppichbildner, der ab April am endgültigen Platz gesät werden kann, ist der Duftsteinrich *(Lobularia maritima)*. Die Pflanzen bleiben sehr niedrig, etwa 10 cm. Die Farben der einzelnen Sorten sind Weiß, Rosa, Violett und Karminrot. Leider muß man auf Erdflöhe achten, die die jungen Sämlinge vernichten können. In Gärtnereien werden auch fertige vorkultivierte Jungpflanzen angeboten, die etwas widerstandsfähiger gegen Erdflohbefall sind.

In diese flächige Unterpflanzung kann man sehr gut andere Sommerblumen tuffweise einsäen oder Arten einpflanzen, die eine Vorkultur unter Glas benötigen und als Jungpflanzen gekauft werden. Wenig bekannt ist, daß man die Bechermalve *(Lavatera trimestris)* mit weißen und rosa Blüten auch an Ort und Stelle säen kann. 2 g Samen braucht man für 1 m^2. Es sind dankbare Blüher und recht gute Schnittblumen. Für große Flächen sind sie weniger geeignet.

Neu ist auch *Thymophylla tenuiloba* ‘Sternschnuppe’, ein Massenblüher mit zierlichem Laub, breitwachsend, 15 cm hoch, mit goldgelben Korbblüten.

Sicher gibt es noch unzählige Gestaltungsmöglichkeiten mit Sommerblumen. Es sollten hier jedoch lediglich Möglichkeiten für eine Begrünung gezeigt werden, die wenig kostet und schnell Erfolg hat.

Beispiel

Im vorliegenden Beispiel (s. Abb. Seite 94) wurde die Vorgartenfläche, wie zur Rasenansaat üblich, vorbereitet. Die Grenzen der Arten und Farben markierte man als kleine Furchen mit dem

Rechenstil, die Standorte der eingestreuten höheren Arten mit Stöckchen. Kapuzinerkresse *(Tropaeolum majus)* und Duftsteinrich in Weiß und Rosa *(Lobularia maritima)* säte man großflächig aus (Duftsteinrich nur dünn mit Erde bedecken). Die Samen von Bechermalven *(Lavatera trimestris)* rosa und weiß und der blaublühenden Ochsenzunge *(Anchusa capensis)* brachte man in kleineren Mengen an den vorgesehenen Plätzen ein. Stehen sie später zu dicht, so kann man sie leicht verziehen.

Die üppige Kapuzinerkresse bildet mit ihrem blaugrünen Laub einen hübschen Hintergrund für die übrige, in weiß, rosa und blau blühende Fläche.

Der Naturgarten

Gegenwärtig wird viel über den »Naturgarten« diskutiert. Das ist eine Folge des fortschreitenden Aussterbens von Pflanzen- und Tierarten in unserer so sehr aufgeräumten Landschaft und in den perfekt gepflegten, sterilen Gärten.

Die Bezeichnung »Naturgarten« scheint nicht sehr glücklich gewählt, »Wildpflanzengarten« wäre wohl besser. Verstanden wird darunter ein Garten, in dem nur einheimische, bodenständige Pflanzen wachsen, in dem man viele Flächen sich selbst überläßt und keinen Rasen, sondern eine Wiese anlegt oder anzulegen versucht. Selbstverständlich werden keine synthetischen Dünger oder chemische Pflanzenschutzmittel verwendet. Horst Stern nennt die üblichen Gärten mit »hochgezüchteten Blumen und exotischem Gesträuch« eine »Scheinnatur«.

Im Zusammenhang mit irgendeiner Form der Gartengestaltung ist das Wort »natürlich« eigentlich schon eine irreführende Bezeichnung. Jeder Garten ist etwas künstlich Geschaffenes, auch die uns umgebende Landschaft ist zum größten Teil »Kulturlandschaft«, vom Menschen gestaltet und geprägt.

Grundsätze

Ein »naturnaher« Garten ist sicher anzustreben und vielfach auch schon verwirklicht, wenn der Perfektionismus in Anlage und in Pflege nicht übertrieben und jedes Gänseblümchen mit Gift aus dem Rasen entfernt wird. Wir sollten versuchen, das von der Natur abgeleitete Thema zu verdichten und zu unterstreichen. Die Pflanzung muß so aussehen, als stünde jede Pflanze von Natur aus an ihrem Platz. Wählen wir Pflanzengemeinschaften, die zusammengehören und sich gegenseitig ergänzen und lassen wir sie auch zusammenwachsen und -wuchern. Mit geringem Pflegeaufwand kommen wir dann dem Ideal vom »natürlichen« Garten schon nahe. Gerade das Wachsen-Lassen ist wichtig, man sollte nicht zu viel an den Pflanzen herumschneiden und -schnippeln. Im Wald, an Hecken und Feldrainen, an Bächen läßt man der Natur ihren Lauf. Gerade diese Dinge in den Garten zu übertragen sind schwierig und erfordern Klugheit, Sachverstand und Geschmack.

Pflanzen

Strenge Verfechter des »Naturgartens« wollen alle fremdländischen Gehölze und Blumen aus dem Garten verbannen.

Ziergras im winterlichen Garten.

Sicher sind viele Nadelgehölze oft unpassend und Laubbäume wären schöner, aber wer will, wenn er Pflanzen liebt und von deren Schönheit beglückt ist, auf alles »Exotische« verzichten? Letztlich wären dann auch Kartoffeln, die unser Nationalgericht geworden sind, oder Tomaten zu verbannen, denn bodenständig sind sie nicht. Wie sie sind viele Pflanzen schon seit Jahrhunderten eingeführt und heimisch geworden, so daß man sie nicht mehr für Fremdlinge hält. Der gewöhnliche Flieder *(Syringa vulgaris)* stammt aus dem südöstlichen Europa, die Schwertlilie *(Iris germanica)* wurde aus Westasien bei uns eingebürgert und schon im Mittelalter in Klostergärten gepflanzt, die Roßkastanie kommt aus Griechenland. Wer möchte auf blühende Forsythien verzichten, die im Frühling langweilige Straßenzüge fröhlich und heiter machen?

Wesentlich ist das Verständnis für biologische Zusammenhänge und die Überlegung, was wohin paßt oder nicht paßt. An einem Bauernhaus in Oberbayern ist ein Wacholder ein Fremdling und ein Apfel- oder Nußbaum richtig, in der Lüneburger Heide dagegen wird der Wacholder nicht deplaziert wirken. Hin und wieder ein Nadelgehölz im Garten kann auch berechtigt sein, wenn man z. B. den Übergang von der umgebenden Landschaft in ein Siedlungsgebiet schaffen will.

Jede richtig zusammengestellte Pflanzengemeinschaft wächst »naturnah« zusammen, wenn man ihr Zeit zur Entfaltung läßt. Das können Rosen und Begleitstauden, Pflanzengemeinschaften des Gehölzrandes oder Ufervegetation und andere sein, sie werden alle »natürlich«, wenn wir nicht versuchen, der Natur unsere Vorstellungen aufzuzwingen und nur behutsam in den Entwicklungsprozeß eingreifen. Sicher muß man hin und wieder robuste Arten eindämmen, wenn sie schwächere verdrängen, Gehölze auslichten oder allzu üppig aufgegangene Sämlinge teilweise entfernen. Andrerseits kann eine als naturnah gedachte Bepflanzung auch durch übertriebene Pflegearbeiten den geplanten Charakter völlig verlieren.

Im naturnahen Garten wird das Verständnis für die natürlichen Bedürfnisse der Pflanzen geweckt, der Blick gefördert für verborgene Schönheiten, die man erst beim genauen Betrachten entdeckt.

Der Vorgarten im Winter

Manche Gartenfreunde sind froh, wenn der Garten im Herbst »eingewintert« ist und man eine Zeitlang Ruhe vor der zwar geliebten, doch vielfach mühsamen Gartenarbeit hat. Man wendet sich anderen Dingen zu und geht an den Winterschönheiten des Gartens achtlos vorüber. Wer die Natur mit Interesse beobachtet, wird bemerken, wie viele Besonderheiten uns ein Garten auch in dieser Jahreszeit bringen kann.

Laubgehölze

Bei der Neuanlage eines Vorgartens sollte auch überlegt werden, wie er im Winter aussieht. Es gibt Laubgehölze, deren Wuchs und Struktur in unbelaubtem Zustand besonders schön und malerisch sind, Pflanzen mit weit ausgreifenden Ästen, überhängenden Zweigen oder lockerem Aufbau. Ihre Eigenart kommt im Sommer oft nicht zur Wirkung, weil das Laub ihren aparten Wuchs verschleiert.

Besonders schön kommen Gehölze zur Geltung, wenn sie vor eine hell verputzte Wand gepflanzt werden, vor der ihre dunklen Stämme und Zweige wie eine grafische Zeichnung wirken, wie sie ein Künstler nicht eindrucksvoller gestalten kann. An jungen Bäumen und Sträuchern kann man durch Abspreizen oder Anbinden eines Zweiges den Wuchs korrigieren, bei älteren hin und wieder einen Ast entfernen.

Wichtig ist auch die Verwendung verschieden hoch wachsender Gehölze, um dadurch Abwechslung in die Bepflanzung zu bringen. Auch mehrstämmig aus dem Boden wachsende Bäume sind eine Bereicherung des Gartens. Durch die niedrige Augenhöhe des Menschen und seinem mehr horizontalen Blickfeld wird die Krone eines Baumes leicht übersehen und der einzeln aufstrebende Stamm wirkt manchmal eher wie ein Telegraphenmast. Eine Gruppe von Stämmen rundet das Gesamtbild besser ab.

Immergrüne Gehölze

Häufig werden möglichst viele immergrüne Gehölze in den Vorgärten verwendet, damit es das ganze Jahr über schön grün ist. So schön sind die Immergrünen oft nicht. Viele verfärben sich bräunlich oder lassen das Laub hängen; nicht unbedingt ein freundlicher Anblick. Bei überlegter Auswahl und in Verbindung mit Laubgehölzen können sie aber zur Belebung des winterlichen Gartens beitragen.

Blüten im Winter

Auch auf Blüten brauchen wir im Winter nicht zu verzichten. So bilden z.B. die dunkelgrünen Nadeln und der flache Wuchs der Kissen-Eibe (*Taxus baccata* 'Repandens') einen guten Kontrast zu dem aufstrebenden bizarren Wuchs der Zaubernuß *(Hamamelis japonica* oder *H. mollis)*. Ihre gelben und rötlichen Blüten erscheinen oft schon im Januar. Wie spannend ist es täglich zu beobachten, wie sich die Blüten allmählich öffnen und einen süßlichen Duft verströmen, der wie ein Vorbote des Frühlings anmutet.

Zu einem locker aufrechtwachsenden, im Winter an den noch kahlen Zweigen zartrosa blühenden Duftschneeball *(Viburnum farreri)* paßt der breitwachsende Kirschlorbeer (*Prunus laurocerasus* 'Otto Luyken') mit seinen immergrünen glänzenden Blättern.

Ein anderer Winterblüher ist der Winterjasmin *(Jasminum nudiflorum)* mit seinen forsythienähnlichen Blüten. Der Jasmin kann wie eine gelbe Wolke wirken, wenn er über eine Mauer hängt. Aber auch nicht zu vergessen ist die im Winter blühende Schneeheide *(Erica herbacea)* mit ihren roten, rosa und weißen Blüten.

Sonstiges

Wenn wir etwas Zusätzliches tun wollen, können wir neben den Eingang einen Korb oder Kübel mit Kiefern- und Fichtenzweigen oder Strohblumen stellen. In einer Broschüre aus der Zeit um 1900 empfiehlt ein Gärtner Grünkohl als Winterschmuck für den einfachen Vorgarten. Eine Idee, an der vielleicht auch heute jemand Gefallen finden kann.

Bei den Arbeiten im Herbst sollte man mit Bedacht vorgehen. Gräser werden wegen der Fäulnisgefahr grundsätzlich erst im Frühjahr abgeschnitten. Es wäre auch schade, die Samenstände mancher Stauden zu entfernen. Zusammen mit den vergilbten Halmen der Gräser können sie, besonders im Rauhreif, reizvolle Gartenbilder ergeben.

Ein in seiner Form, Struktur und Proportionen richtig angelegter Vorgarten wird uns auch im Winter nicht enttäuschen. Er muß nur mit offenen Augen betrachtet werden, damit man seine besonderen Reize erkennt. Es gibt keine überschäumende Fülle und Farben, nur zarte Verhaltenheit, die aber auch Ermutigung in manchen grauen Winteralltag bringen kann.

Vorgärten mit besonderer Note

Pflanzenliebhaberei

Geht man aufmerksam durch Siedlungsgebiete, so findet man hin und wieder Vorgärten, die die Liebhaberei des Besitzers zeigen. Wer eine besondere Vorliebe für bestimmte Pflanzen hat, sollte ruhig sein Hobby im Vorgarten pflegen, wenn Licht und Boden und manchmal auch die unvermeidlichen Vorschriften es zulassen.

Bunte Blumen verlangen einen von der Sonne begünstigten Platz. In manchen Vorgärten sind z. B. viele Rosen gepflanzt. Niedrigwachsende, Hochstämmchen, Strauch- und Kletterrosen blühen um die Wette. Man sieht, daß jedes freie Fleckchen mit vielerlei Sorten bepflanzt und liebevoll gepflegt wird.

In einem anderen Vorgarten wachsen Dahlien in allen Größen und Farben oder Sommerblumen entwickeln sich in bunter Fülle. Diese Farbtupfer beleben, und der Vorübergehende wird gerne stehen bleiben und sich darüber freuen. Sagt man dann dem Hobbygärtner noch ein freundliches Wort über seine Pracht, kann das der Anfang einer nachbarlichen Beziehung werden.

In beschatteten Vorgärten entdeckt man vielleicht eine besondere Liebe für die in der Blüte weniger kräftigen Farben der Schatten- und Halbschattenstauden. Sie haben oft besonders schöne Blätter und sind teilweise wintergrün. In ihrem Schutz fühlen sich Blumenzwiebeln wohl und vermehren sich gut. In manchem schattigen Vorgarten findet man gerade im Frühling einen über Wochen dauernden Flor von Narzissen und Tulpen. Liebhaber dieser Gewächse suchen sich Sorten mit verschiedenen Blütezeiten aus und können sich bis in den Mai über wechselnde Farben und Formen freuen.

Es gibt auch sogenannte »Liebhaberpflanzen«. Das sind entweder hochgezüchtete Kulturformen, die besonderer Pflege und Aufmerksamkeit bedürfen, oder Wildstauden, die durch spezielle Standortansprüche geprägt sind.

Das Bepflanzen von Trögen oder Schalen ist eine reizvolle Beschäftigung. Viele alpine Pflanzen gedeihen darin gut, vor allem schwächer wachsende Arten. Ihre Schönheit wird in der Nachbarschaft von robusten Gewächsen oft übersehen. Manche Troggarten-Besitzer sammeln vorwiegend eine Art, z. B. die vielen Formen des Steinbrechs *(Saxifraga)*, andere kultivieren besonders empfindliche Stauden.

Wer Freude an besonderen Pflanzen hat, sollte dieses Steckenpferd auch im Vorgarten pflegen.

Wasser

Ein freundlich und heiter stimmendes Element ist das Wasser. Auch im Vorgarten kann man »etwas mit Wasser« machen.

Tröge

Wasserpflanzen gedeihen auch in Trögen, Holzfässern oder Plastikwannen. Undichte Gefäße legt man mit Teichfolie aus. An sonnigen Plätzen wachsen sogar Seerosen in einer der Sorte entsprechenden Wassertiefe und überwintern ohne Schaden. Das verdunstete Wasser kann unbesorgt nachgefüllt werden.

Oben: Basaltsäulen mit Wasserspiel.

Unten: Auch im Steintrog wachsen Wasserpflanzen.

Wasserspiel

Eine sprudelnde Wasserstelle ist reizvoll und oft nicht teurer als ein aus Baumstämmen »rustikal« gehämmerter Brunnen, aus dem kein Wasser fließt und der lediglich als Blumentrog verwendet wird. Aufwendige Installationen sind für ein Wasserspiel nicht notwendig. Es genügen ein Außenstecker und wasserdichte Kabel für den Anschluß einer Unterwasserpumpe. Außerdem braucht man ein Gefäß für Wasser, das bei Bedarf mit dem Gartenschlauch gefüllt wird, und eine Tauchpumpe.

Als Wassergefäß genügen Kunststoffbehälter, wie man sie in jedem Gartencenter kaufen kann. Sie sollten so tief sein, daß die Tauchpumpe genügend Platz findet. Über den eingegrabenen Behälter legt man ein Gitter und darauf schöne Bachkiesel, zwischen denen das Wasser wieder ins Becken zurückläuft. Man kann den Wasserstrahl aus der Pumpe auch durch einen durchbohrten, besonders schönen Stein leiten oder in der Mitte eines Mühlsteines hervorquellen lassen.

Mühlsteine

Echte Mühlsteine wird man nicht mehr so leicht zu kaufen finden. Es gibt aber preiswerte und recht gute Nachbildungen aus Beton, die im Laufe der Zeit Patina ansetzen, etwas vermoosen und dann kaum vom echten Mühlstein zu unterscheiden sind.

Allzu naturalistisch sollte man die Wasserstelle nicht planen. Eine der Natur nachempfundene Quelle, bei der das Wasser zwischen mit Zement verklebten Steinen hervorquillt, wirkt leicht etwas kitschig. Eine Wasserstelle ist etwas Gebautes und das darf man auch sehen.

Im Winter sollte die Pumpe entfernt und das Wasser ausgeschöpft werden. Bewährt hat sich unter dem Behälter ein Sickerschacht für überlaufendes Wasser. Dazu gräbt man eine Grube und verfüllt sie mit gewaschenem bzw. Rollkies. Auf diese Unterlage stellt man dann das Wassergefäß. Bei Regenfällen läuft der Vorgarten nicht Gefahr, zu sehr zu vernässen. Um die Anlage pflanzen wir passende Stauden und Gehölze.

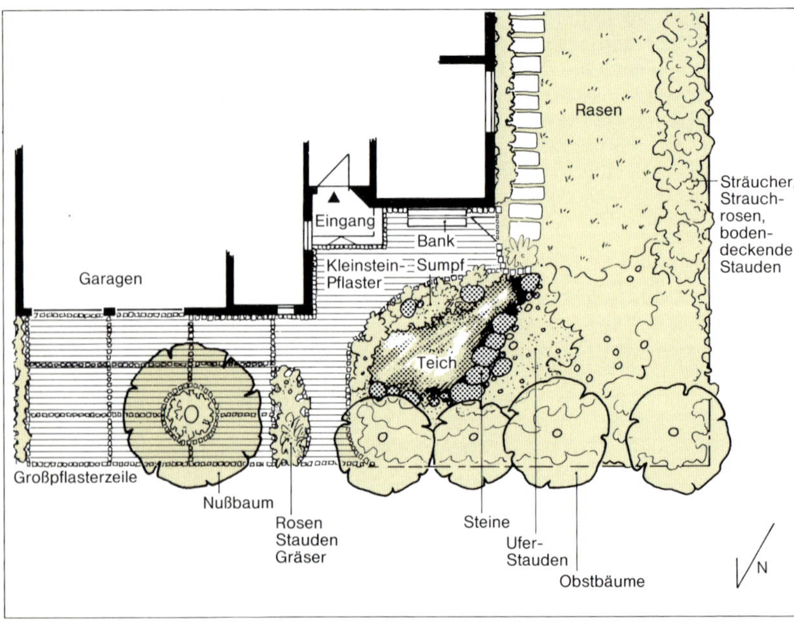

Rasen
Sträucher,
Strauch-
rosen,
boden-
deckende
Stauden
Eingang
Bank
Garagen
Kleinstein-
Pflaster
Sumpf
Teich
Großpflasterzeile
Nußbaum
Rosen
Stauden
Gräser
Steine
Ufer-
Stauden
Obstbäume
N

Links: Planskizze und Abbildung des Vorgartens mit Teich im Frühjahr 1985.

Rechts: Planskizze und Ansicht von Vorgärten mit Pergolen.

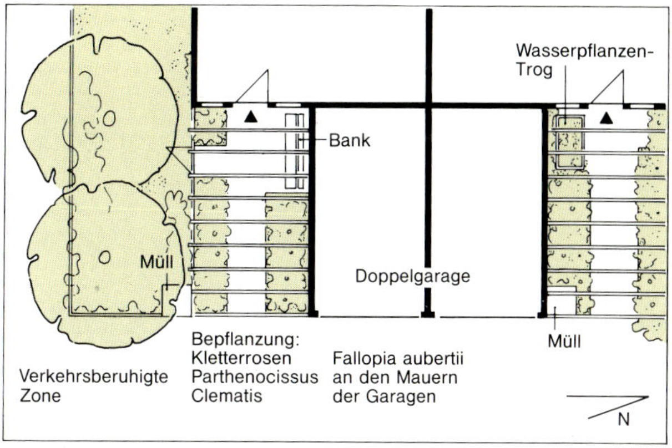

Vorgarten mit Teich

Im vorliegenden Beispiel (s. Seite 102) wünschte sich der Bauherr trotz des kleinen Grundstücks 2 Teiche, weil er sich sehr für Pflanzen und Tiere in und am Wasser interessiert und auf Rasenflächen keinen Wert legt. Es wurden zwei Folienteiche gebaut, die sich an den in Oberbayern üblichen Dachrinnen-Überläufen orientierten. Einige vorhandene große Kalksteine mußten integriert werden. Auf einen Zaun zur Straße und zum Nachbarn wurde verzichtet. Er wird durch eine dichte Bepflanzung aus vorwiegend einheimischen Gehölzen ersetzt. Ein kleines Holztor hindert zwar Unbefugte am Betreten des Wohngartens, trennt die ineinander übergehenden Gartenteile aber nicht.

Die Anlage wurde im Frühjahr 1985 erstellt.

Pergola

Eine Pergola ist im Grunde eine Dachkonstruktion ohne festes Dach. Das Dach wird erst später von Schling- und Kletterpflanzen gebildet. Pergolen dienen im Vorgarten vorwiegend als Ver-

bindungselemente, z.B. von Gartentür und Hauseingang, als Übergang von Gebautem und Gepflanztem. Besonders vorgeschobene oder im Abstand zum Haus gebaute Garagen können mit einer Pergola gut zusammengeschlossen werden. Haus und Garage bilden dann eine Einheit und die Garage steht nicht mehr isoliert auf dem Grundstück. Pergolen schützen auch vor Sonne und Wind (s. Abb. oben).

Material

Gebaut werden Pergolen meist aus Holz. Feste Regeln gibt es nicht; Hauptsache ist, daß die Proportionen stimmen. Säulen können aus Holz, aus Ziegeln gemauert und verputzt, aus Naturstein, Stahlrohr oder Beton sein. Die Auflagen sind so gut wie immer aus Holz, es gibt aber auch Beton-Elemente, die sich als Auflagen eignen.

Auch die Pergola sollte zum Haus passen. Säulen aus einem Stück Granit mit Auflagen aus Kastanienästen mit malerisch ungleichem Wuchs und verschiedener Stärke sehen an einem Tessiner Natursteinhaus wunderschön aus, passen zum modernen Wohnhaus aber nicht.

Begriffe

Die einzelnen Teile einer Pergola haben in der Fachsprache bestimmte Bezeichnungen. Die Säulen, Pfeiler oder Pfosten sind die Träger der Dachkonstruktion. Pfetten, Unterzüge oder Rahmenhölzer verbinden die Pfosten und bilden die Unterlage für die Auflage- oder Deckhölzer, die quer über den Pfetten angebracht werden.

Maße

Als Faustregel gelten: 3 m Abstand von Pfosten zu Pfosten, 2,30 m vom Boden

Links: Vorgarten mit berankter Pergola und Mühlstein (s. auch Plan Seite 108).

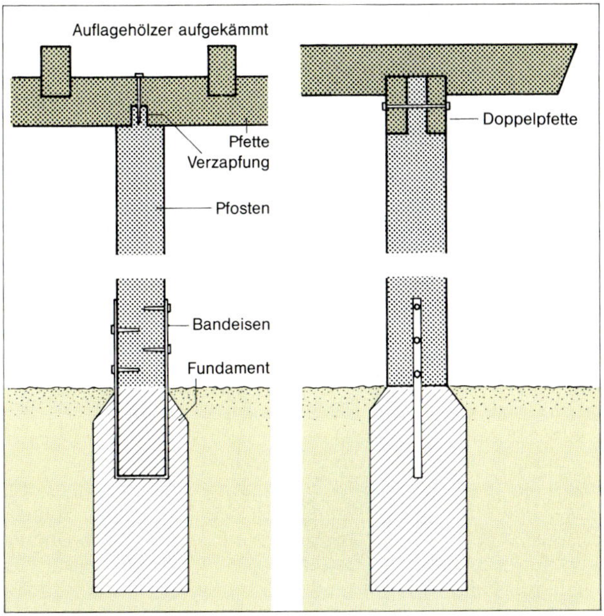

Rechts: Konstruktion einer Pergola.

bis zur Unterkante der Pfetten. Durch herunterhängende Triebe der Pflanzen wird der Durchgang später meist niedriger.

Bauen wir eine breite Pergola, darf sie nicht zu niedrig sein, sie wirkt sonst erdrückend. Eine schmale Pergola zu hoch gebaut, läßt dagegen für die unter ihr durchgehenden Menschen keine Beziehung mehr zum bewachsenen Dach aufkommen.

Pfosten, Pfetten und Auflagehölzer müssen in der Stärke gut aufeinander abgestimmt werden. Zu dicke Pfetten auf schmalen Pfosten lassen befürchten, daß die Konstruktion zusammenbricht. Umgekehrt wirken bei wuchtigen Säulen zu dünne Auflagen verloren. Vor der Planung sollten wir uns fragen, ob wir eine grazile, leichte Konstruktion oder eine rustikale und schwerere möchten. Die Säulen oder Pfosten müssen sehr stabil sein, denn außer der Balkenlast haben sie später das oft große Gewicht der belaubten alten Schling- und Kletterpflanzen zu tragen. Bei Holz empfiehlt sich eine Stärke von 12×12 cm bis 16×16 cm.

Fundament, Befestigung

Um Fäulnis zu verhindern, sollten Holzpfosten nicht auf dem Boden aufsitzen. Sie werden in ein Bandeisenteil geschraubt, das ins Fundament einbetoniert wird. Die Stellung der Bandeisen wechselt um jeweils 90 Grad von Pfosten zu Pfosten, dadurch erhält die Konstruktion mehr Widerstand gegen Wind.

Pfetten, Auflagehölzer

Pfetten und Auflagehölzer dürfen nicht dicker sein als die Pfosten, aber auch nicht zu dünn. Man kann als Pfette auch Hölzer in der Stärke der Auflagehölzer verwenden und sie beidseitig an die Pfosten anbringen. Man hat dann eine »Doppelpfette«. Meist bestehen die

In die Pflanzung eingebettete Findlinge.

Pfetten aber aus langen Balken in der Stärke der Pfosten.

Der Stabilität wegen werden Pfetten und Pfosten »verzapft«. Am Pfosten wird ein Zapfen ausgesägt, in die Pfetten passende Aussparungen, die immer in der Längsrichtung des Balkens verlaufen sollten. Nachdem man die Balken auf die Pfosten aufgesetzt hat, kann man noch einen Nagel durch Pfette und Zapfen schlagen.

Auflagehölzer ragen an den Enden meist 30 bis 50 cm über die Pfetten hinaus. Sie werden »aufgekämmt«. In der Stärke der Pfette wird in das Auflageholz eine Kerbe geschnitten und die Hölzer in den gewünschten Abständen auf die Unterlagen aufgenagelt.

Einholmige Pergola

Mit einer einholmigen Pergola bezeichnet man eine einzelne Pfette, auf der kurze Querhölzer liegen. Sie genügt oft, um eine gewünschte Verbindung z. B. von Haus und Garage herzustellen.

Findlinge und Kiesel

Steine sind schön und haben ihren ganz eigenen Reiz. Früher benutzte man Steine nur zum Bau von Haus- und Gartenmauern, zur Wege- und Straßenbefestigung, zur Abstützung von Böschungen. Wie man sie als »Findlinge« auflesen konnte wurden sie verwendet. Findlinge sind Gesteinsbrocken, die, meist in der Eiszeit, durch Wasser und Eis vom ursprünglichen Standort weggetragen wurden. Dabei schliffen sich die Kanten allseitig ab. Findlinge haben die Größe von etwa $\frac{1}{8}$ m^3, können aber auch sehr viel größer sein. Kleinere Formate nennt man Fluß-, Bach- oder Moränekiesel, Rundlinge, Riesel oder in Bayern »Bummerl«. Sie haben einen Durchmesser von etwa 8 bis 10 cm. Kleinere Größen nennt man Kies.

Findlinge als Blickfang

Unser heutiges Formgefühl bringt eine neue Beziehung zu unbearbeiteten Steinen. Zu keiner Epoche der Gartenkunst legte man Steine einfach der Schönheit ihrer Form und Farben wegen »nutzlos« in den Garten, sozusagen als Ersatz für eine Plastik oder ein anderes Kunstwerk. Wir verwenden heute ausgewählte Steine als Zierde, als Blickfang, als Erinnerung an Reisen und Wanderungen, bei denen man sie aufgesammelt hat oder weil sie beim Hausbau ausgebaggert wurden. Gerade die auf dem Grundstück gefundenen Exemplare sollte man nicht wegwerfen, die eigenen Steine passen immer.

Findlinge kann man heute auch überall kaufen. Weil ihre Beschaffung kein Problem mehr ist, wird deshalb manchmal übertrieben. Es ist wie bei vielen Dingen: Ein altes Wagenrad an der Hauswand, ein bepflanzter Schubkarren vor dem Haus sind originell, findet man sie an und vor vielen Gebäuden, wirken sie nicht mehr reizvoll, sondern etwas banal. Steine sollten mit Bedacht angeordnet und gezielt verwendet werden.

Richtige Lage

Bevor wir den Stein verlegen, schauen wir ihn uns von allen Seiten an. Als Un-

terseite eignet sich immer die flachste oder breiteste, d.h. diejenige Fläche, auf der der Findling von alleine liegen bliebe, wenn man ihn eine Böschung hinunter rollen ließe. Diese Lagerseite kann man etwas in die Erde eingraben; der Stein wirkt dadurch größer und mächtiger, weil man viel mehr von ihm im Boden vermutet. Runde, kugelähnliche Steine wirken auf glatter Unterlage, ohne eingegraben zu sein, besonders eigenwillig. Es ist wichtig, nicht zu viele gleich große Exemplare zu dicht zusammenzulegen.

Man sollte einen Stein etwas entfernt von anderen einbauen. Die Zwischenräume füllt man dann mit Kiesel und ausgewählten Pflanzen.

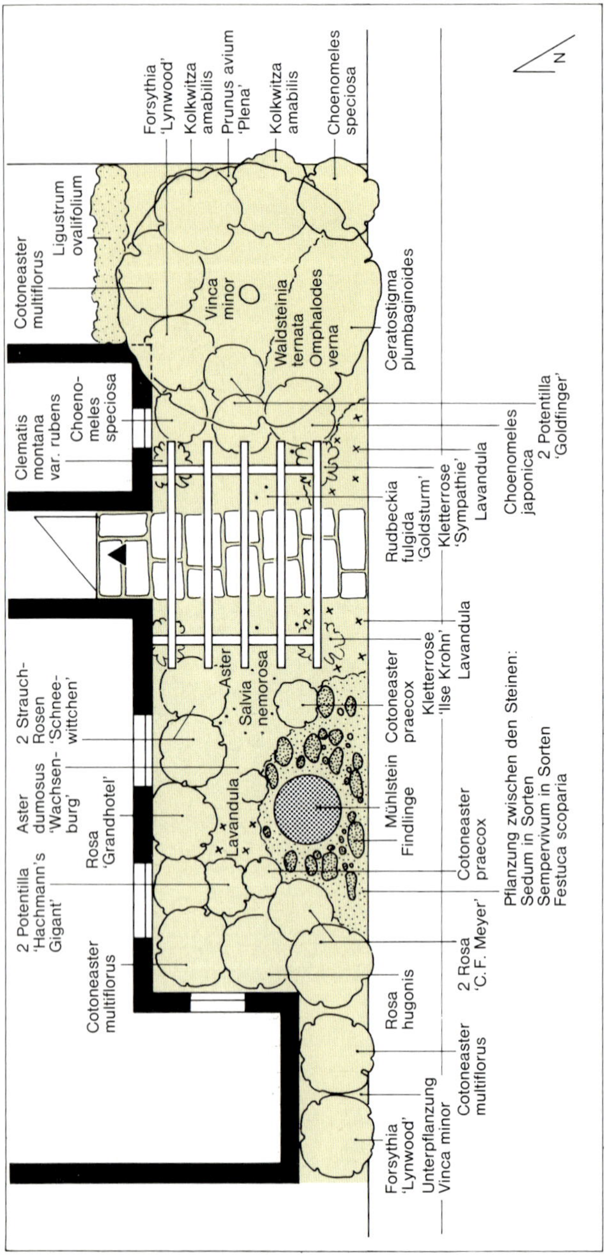

Vorgarten mit Pergola und Mühlstein (s. Abb. Seite 104).

Große Findlinge sind allein kaum zu transportieren und zu verlegen, hier braucht man die fachmännische Hilfe eines Landschaftsgärtners.

Problemflächen

Für Problemflächen, auf denen man nicht gehen muß und auf denen nur wenig oder gar nichts wächst, sind Kiesel ein Gestaltungselement. Flächen unter Dachüberständen, Flächen unter niedrigen Balkonen und Spritzschutzstreifen am Haus gehören dazu. Oft wird allerdings lieblos und phantasielos einfach Kies hingeschüttet. Ohne Begrenzung zur Rasenfläche ist der Kiesstreifen unpraktisch. Man kann nicht bis dicht an die Steine mähen, und das Gras wächst zwischen sie hindurch. Grenzt man die Kiesfläche mit senkrecht gestellten Kantensteinen ein, entstehen unschöne, sterile und beziehungslose Flächen. An überstehenden Kanten kann man nicht dicht mit dem Mäher schneiden.

Wenn man auf den Kiesstreifen nicht gleich verzichten und dafür Platten legen oder einen Streifen pflastern will, sollte man nach ansprechenderen Lösungen suchen.

Gut ist die Kombination einer Pflasterzeile zum Rasen mit einem Kiesstreifen zum Haus hin. Den gleichen Zweck erreicht man mit flach verlegten *dünnen Betonbrettern,* die bis auf einen schmalen Streifen für die Räder des Rasenmähers mit Kies oder Kieseln überdeckt werden. Die Kiesel sollten nicht geschüttet, sondern gelegt werden. Man kann dann auch Muster legen, z. B. alle Steine in Längsrichtung oder zwischen kleinere den einen oder anderen größeren.

Passende Pflanzen

Eine große Zahl von Pflanzen paßt gut zu Steinen. Zu beachten ist immer, daß der Stein nicht so zugepflanzt wird, daß er mit der Zeit in der Vegetationsfläche verschwindet. Malerisch wachsende Gehölze sehen neben größeren Findlingen besonders schön aus. Zarte Gräser, Rosen und aparte Einzelstauden, die aus einem Teppich bodendeckender niedriger Stauden herauswachsen können, verbinden Stein und Pflanze und ergänzen sie gegenseitig.

Gehölze:
Cotoneaster, s. Seite 56, 66.
Erica herbacea, s. Seite 66.
Nadelgehölze, s. Seite 56, 66.
Salix hastata 'Wehrhahnii', s. Seite 56.

Stauden:
Lavandula angustifolia, s. Seite 70.
Maccleaya cordata, Federmohn
Blatt: blaugrün, gelappt.
Blüte: lockere, weißlich rosa Blütenrispen, Juni–Juli.
Wuchs: wuchernd, bis 3. Besonders schön an Mauern und Wänden.
Sedum, s. Seite 68.

Gräser:
Deschampsia caespitosa, Rasenschmiele
Blatt: dunkelgrün, stark überhängend, 80 cm bis 1 m.
Festuca glauca, Blauschwingel
Blatt: schön blau, 20 cm.
Festuca mairei, Atlasschwingel
Wuchs: lockere, graugrüne Büschel, 60 cm.
Festuca scoparia, Bärenfellschwingel
Blatt: hellgrün.
Wuchs: polsterbildend, 20 cm.
Miscanthus sinensis, 'Gracillimus', Chinaschilf
Blatt: sehr schmal, überhängend.
Wuchs: dichtbuschig, 1,50 m, sehr schön im Winter.

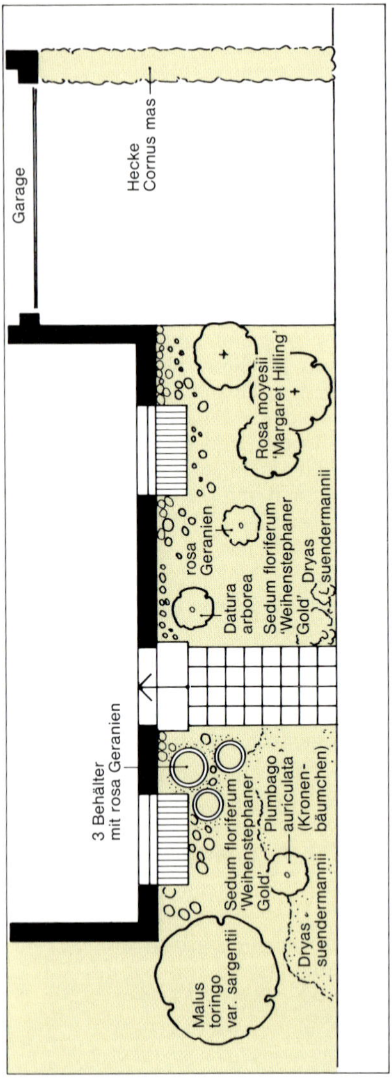

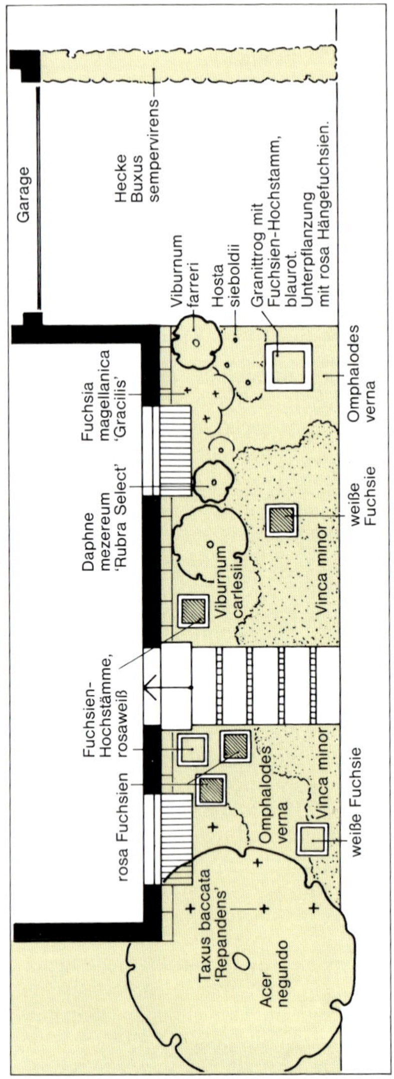

Töpfe, Kübel und Pflanztröge

Kübelpflanzen und Pflanzen in Behältern werden einen Blumen- und Pflanzenfreund immer wieder begeistern. Mit ihnen können wir ein wenig südländische Atmosphäre in unsere Gärten zaubern. Einige Mühen bringt diese Liebhaberei mit sich. Man wird aber durch die Freude daran reichlich entschädigt.

Links: Beispiele für Vorgärten mit Kübel und Pflanztrögen.

Rechts: Granittrog mit Fuchsien.

Geschichtliches

Kübelpflanzen wurden auch in früheren Zeiten verwendet. Man findet sie schon in Darstellungen aus dem alten Ägypten. Für den athenischen Garten des Hephaistos wurden aus dem Felsen kreisrunde Löcher ausgeschlagen, in denen Gefäße mit Bäumen standen. In den römischen Höfen wurden in Steintrögen, die bis zu 80 cm Höhe mit Erde gefüllt waren, Pflanzen gezogen. Auf den Boden wurden transportable Kübel gestellt. Leon Battista Alberti, bedeutender Architekt, Künstler und Philosoph der Frührenaissance, lobt die Sitte der Alten, Gewächse in verzierten Kübeln aufzustellen. Auch in den Gärten der Barockzeit erfreuten sie sich großer Beliebtheit. Streng geschnitten als Kugel, Würfel oder Pyramide waren sie architektonische Gestaltungselemente und wurden meist entlang der Wege aufgestellt. Besonders beliebt waren Zitronen- und Orangenbäume, die mit anderen frostempfindlichen Kübelpflanzen in den zu diesem Zweck erbauten »Orangerien« überwintert wurden.

Ihre Verwendung heute

Aus unserer schnellebigen Zeit lassen sich Kübelpflanzen und Pflanzentröge nicht mehr wegdenken. Sie können kurzfristig irgendwo aufgestellt werden und bei richtiger Plazierung Schwerpunkte schaffen. Manchmal genügt schon eine einzelne Schale oder ein Kübel, um einen Vorgarten zu schmücken, woanders dürfen es auch mehr sein. Wie hübsch ist doch vor manchen Bauernhäusern die Mannigfaltigkeit der davorstehenden Töpfe. In unseren städtischen Vorgärten dürfen wir allerdings nicht ganz so unbekümmert verfahren. Mit ein bißchen Überlegung und Formgefühl läßt sich das Richtige finden.

Bei schlechten Bodenverhältnissen, die man – aus welchen Gründen auch immer – nicht verbessern kann oder will, ist eine Ausschmückung des Vorgartens mit Kübelpflanzen von Vorteil. Sie machen von den gegebenen Bodenverhältnissen unabhängig.

Oft ist der Platz für ein Beet auch zu schmal, Garagenzufahrt und Hauszugang benötigen zuviel Raum, aber für einen hübschen Trog reicht die Fläche aus. Die für den Kübel notwendige Erde läßt sich mühelos im Fachhandel erwerben.

Überwinterung

Bevor man sich kostbare Kübelpflanzen zulegt, sollte überlegt werden, welche Möglichkeiten der Überwinterung zur

Verfügung stehen. Ein heller frostfreier Raum, es können ein Keller, eine Garage oder ein anderer ungeheizter Raum im Haus sein, wird für die meisten Kübelpflanzen ausreichend sein. Vor dem Einzug ins Winterquartier werden die Pflanzen auf Schädlingsbefall kontrolliert und gegebenenfalls behandelt. Sie benötigen während der Wintermonate eine Ruheperiode, um sich im kommenden Sommer richtig entfalten zu können. Man sollte in dieser Zeit weniger gießen und nicht düngen.

Auswahl der Behälter

Schon die Wahl des Kübels oder des Behälters sollte gut bedacht sein. Durch ihn soll die Schönheit der Pflanze erst richtig zur Geltung kommen und nicht umgekehrt. Kübel und Pflanztröge in den Vorgärten können als architektonisches Beiwerk betrachtet werden und sollten daher auch zum Stil des Hauses passen. Je anspruchsvoller das Gebäude, um so edler sollte auch der Kübel oder das Pflanzgefäß sein. Vor alten, bescheidenen Häusern können verschiedene einfache Behälter, sogar alte Kochtöpfe mit Pflanzen recht malerisch wirken. Das Ganze ist eine Stilfrage. Form, Farbe und Material sollten generell zu Haus und Eingang passen.

Mit einem schlichten Eichenkübel oder mit den einfachen und formschönen Florentiner Töpfen aus Ton kann meist nichts falsch gemacht werden. Sie sollten wie alle Tongefäße im Winter nicht im Freien stehen, weil die Feuchtigkeit bei Frost im Ton zu Frostrissen führt. Weidenkörbe sind vielfach verwendbar. Man kann Töpfe hineinstellen oder sie mit Plastikfolie auslegen und bepflanzen. Von langer Lebensdauer sind sie natürlich nicht und daher nur als Übergangslösung zu betrachten.

Kann man etwas tiefer in die Tasche greifen, wird man einen Trog aus Natursteinen wählen. Er ist meist aus Granit oder Sandstein, in verschiedenen Größen, Formen und Farbabstufungen erhältlich und wird heute wieder von der Naturstein-Industrie hergestellt. Es gibt Natursteintröge auch antik, sogar mit Jahreszahl. Ihre Lebensdauer ist fast unbegrenzt.

Nicht vergessen sollten wir auch die vielen Töpfe und Schalen, die uns das Töpferhandwerk anbietet. Hier wird es oft schwer fallen, die richtige Wahl zu treffen. Sehr praktisch sind die von der Industrie angebotenen frostfreien Pflanzbehälter, die bei jeder Witterung im Freien bleiben können. Allerdings gibt es auch sehr unschöne und gekünstelte Formen, die man nicht verwenden sollte.

Bepflanzung nach Jahreszeiten

Wollen wir Pflanzschalen oder Kübel in unseren Vorgärten das ganze Jahr über attraktiv präsentieren, wird es nötig sein, sie dreimal zu bepflanzen.

Für die Frühjahrsbepflanzung bieten sich dank dem reichhaltigen Angebot an Blumenzwiebeln fast unbegrenzte Möglichkeiten. Sehr praktisch ist es, die Zwiebeln im Herbst in Töpfe zu setzen, sie entweder im Komposthaufen einzugraben oder mit Laub abgedeckt an einem geschützten Ort ins Freie zu stellen. Im zeitigen Frühjahr kann man sie entweder gleich in die gewünschten Scha-

len oder Kübel pflanzen oder man bringt sie erst ins Haus und treibt sie an einem Fenster etwas an. Auf diese Weise kann man zu einem früheren Zeitpunkt, den man selbst variieren kann, einen Blütenflor in seinen Vorgarten bringen.

Primeln *(Primula elatior, Primula vulgaris)* mit ihren vielen schönen Farben, Stiefmütterchen *(Viola tricolor)*, Gänseblümchen *(Bellis perennis)*, Vergißmeinnicht *(Myosotis sylvatica)* sind geeignete Pflanzen für den Frühlingsflor und lassen sich gut mit Blumenzwiebeln zusammenpflanzen. Wie hübsch sind z. B. blaue Hyazinthen und rosa Gänseblümchen oder Vergißmeinnicht mit Narzissen. Nachdem die Zwiebelblumen verblüht sind, nimmt man sie heraus und pflanzt sie in den Garten. Das Laub sollte aber nicht abgeschnitten werden, es muß einziehen. Die Zwiebeln ein zweites Mal anzutreiben, lohnt sich nicht, sie würden nur kümmerliche Blüten hervorbringen.

Sommerflor

Der Sommerflor ist in Pflanzenarten und Farben unvergleichlich groß und je nach Standort und Geschmack wird jeder die richtige Zusammenstellung finden.

Stauden und Gehölze

Scheut man die jährlichen Kosten, so lassen sich auch ein paar ausdauernde Sträucher – bei entsprechend großen Behältern – oder Stauden verwenden und die Lücken mit Sommerflor oder Frühlingsblühern füllen. Bewährt hat sich als hängende Staude mit langer Blütezeit eine Glockenblume *(Campanula poscharskyana* 'Blauranke'), Polstergewächse, ausdauernde Fuchsien *(Fuchsia magellanica* 'Gracilis'), Fingerkraut *(Potentilla fruticosa* 'Arbuscula') und andere.

Hübsch und noch nicht lange im Handel ist eine kleinwüchsige Forsythie

(Forsysthia viridissima 'Bronxensis', Selektion Weber). Sie wird nur etwa 50 cm hoch. Auch einige Zwergweiden sind für Kübel geeignet, z.B. *Salix hastata* 'Wehrhanii' oder *Salix lanata,* die Wollweide. Beide werden etwa 1 m hoch, haben weiß behaarte Blätter oder Äste und wachsen verhältnismäßig langsam.

Bei Nadelgehölzen ist etwas Vorsicht geboten. Die kleinen Pflanzen, die man eingekauft hat, werden entweder schnell zu groß oder sie beginnen in den für sie zu engen Behältern zu kümmern.

Kübelpflanzen für Liebhaber

Für den Pflanzenliebhaber, der sich nicht scheut, für seine Pflanzen etwas mehr Zeit zu verwenden, gibt es viele ansprechende Kübelpflanzen:

Agapanthus, Schmucklilie
Anfang Juli öffnet sie an etwa 1,20 m hohen Stielen die lebhaft hellblauen, selten weißen Blütenstände.

Datura, Stechapfel, Engelstrompete
Mit langen Trompetenblüten.

Eucomis, Schopflilie, Ananasblume.
Die Blüten sind zweifarbig, grün mit weiß, und erscheinen schon im Juli.

Erythrina speciosa, Korallenstrauch
Blüht vom Sommer bis in den Herbst hinein mit prächtig roten Blütentrauben.

Fuchsia, Fuchsie
Als Kübelpflanzen eignen sich besonders die gärtnerischen Züchtungen.

Ficus carica, Echter Feigenbaum
Die Überwinterung kann in jedem luftigen, wenn auch dunklen, frostfreien Keller erfolgen.

Hedychium gardnerianum,
Gardners Kranzblume
Dies ist die bekannteste und schönste Art. Eine aparte und robuste Kübelpflanze, die im frostfreien Raum leicht zu überwintern ist.

Hydrangea macrophylla
'Bouquet Rose', Hortensie
Sie ist der bekannten Topfhortensie sehr ähnlich und blüht rosa mit bis zu 20 cm breiten Blütenballen. Im Kübel ist sie gut zu ziehen. Zum Überwintern sollten die Kübel entweder in den Kompost eingegraben oder mit einem Laub- oder Torfmantel umgeben werden.

Nerium oleander, Oleander
Ihre Verwendung als Topf- und Kübelpflanze ist bekannt.

Plumbago auriculate, Bleiwurz
Hübsche Kübelpflanze mit himmelblauen Blütenähren.

Punica granatum 'Nana',
Granatapfelbaum
Er zählt zu den verkannten Schönheiten und ist ein anspruchsloses Sonnenkind mit prächtig scharlachroten Blüten von Juli bis August.

Yucca filamentosa, Palmlilie
Eine sehr dekorative Staude mit großen cremeweißen Blütenständen auf hohen Schäften, die sich gut im Topf ziehen läßt.

Gestaltungsbeispiele

Wenn der Vorgarten in der Sonne liegt, bietet sich eine Unzahl von Möglichkeiten an. Im vorliegenden Beispiel (Vorgarten mit Töpfen für Sonnenlage, s. Abb. Seite 110 links) wurden 3 verschiedene farblich aufeinander abgestimmte Kübelpflanzen gewählt.

Die gelbblühende Engelstrompete, Stechapfel *(Datura aurea)* ist mit ihren intensiv duftenden langen Trompeten ein tropisches Gewächs. Sehr hübsch dazu Bleiwurz *(Plumbago auriculata)* mit an Phlox erinnernden himmelblauen Blütenähren. Besonders reizvoll sind die als Hochstämmchen gezogenen Exemplare. Einige mit rosa Geranien bepflanzte Kübel oder Schalen werden das Bild beleben. Bei dieser so reichhaltigen Ausgestaltung mit Kübelpflanzen kann man mit der Rahmenbepflanzung des Vorgartens zurückhaltend sein. Als Bodendecker dienen eine Fetthenne *(Sedum floriferum* 'Weihenstephaner Gold') und Silberwurz *(Dryas suendermannii)*.

Ein Großstrauch wie der Zierapfel *(Malus sargentii)* mit seinem eleganten Wuchs wird dem Haus einen Halt geben. Auf der anderen Seite als Gegengewicht 3 Sträucher mit einem gefälligen Wuchs; hier die Strauchrose 'Margaret Hilling', die im Juni eine Fülle von rosa Blütenschalen bringt.

Leider befinden sich die meisten Vorgärten im Schatten oder Halbschatten. Die Auswahl an Kübelpflanzen dafür ist beschränkt. Fuchsien werden hier aber gut gedeihen. Die Vielfalt der gärtnerischen Züchtungen ist fast unübersehbar. Jeder Fuchsienfreund wird einige Sorten finden, denen er den Vorzug gibt. Man kann sich entweder für eine oder, wie hier im vorliegenden Beispiel (Vorgarten mit Töpfen für Schattenlage, s. Abb. Seite 110 rechts), auch für mehrere farblich aufeinander abgestimmte Sorten entscheiden. Hochstämmchen sind auch hier besonders ansprechend. Bei der Verwendung mehrerer Kübel dürfte eine Abwechslung zwischen Büschen und Hochstämmchen am wirkungsvollsten sein.

Fuchsien blühen bei entsprechender Vorkultur von Mitte Mai bis zum Frost. Es sind zarte Pflanzen, deren Besonderheit ihre individuelle glockenartige Blütengestaltung ist. Ihre Wirkung kann durch stark auffällige Blütenpflanzen beeinträchtigt werden. So sollte man als Begleitpflanzen – falls Blütenpflanzen gewählt werden – nur solche verwenden, die sich in Form und Farbe unterordnen.

Im vorliegenden Beispiel (s. Abb. Seite 110) wurden in der Rahmenbepflanzung in erster Linie Pflanzen verwendet, die im Vorfrühling oder Frühling vor den Fuchsien zum Blühen kommen.

Duftpflanzen

Über Duftpflanzen schrieb Karl Förster: »Schade um die vielen schönen Dinge, die ungerochen bleiben! Das Musikinstrument Nase bleibt erstaunlich ungenutzt, ein zugeklappter Bechsteinflügel. Noch ahnen Menschen selten, wieviel Haus- und Gartenmusik das Pflanzenduftreich ihnen schon mit einem Gartenzaunbeet liefern könnte.«

Niemand kann bis heute erklären, warum es Menschen glücklich macht, den Duft einer Rose, einer Wiese einzuatmen. Gerade wegen der durch Benzin, Abgase und Staub verpesteten Luft wächst das Bedürfnis nach Ausgleich, gewinnen duftende Pflanzen an Wert. Auch im Vorgarten kann und sollte man duftende Pflanzen verwenden.

Gehölze

Für dichte Hecken oder auch als Einzelpflanze eignet sich gut die Schottische Zaunrose *(Rosa rubiginosa)*. Bei ihr duften die Blätter, besonders stark nach einem Regen oder wenn man über die Blätter streicht. Es steigt dann ein Geruch nach reifen Äpfeln auf. Die Blüten besitzen nur einen schwachen Heckenrosenduft.

Auch bei freiwachsenden Hecken sollte man an die Verwendung von Duftsträuchern denken. Überwältigend ist der Duft des Pfeifenstrauches oder Sommerjasmins (*Philadelphus* mit Sorten). Es gibt auch nichtduftende Arten, darauf sollte man bei der Auswahl achten. Bei regelmäßigem Auslichten der alten Äste behält er seine Form, sonst wächst er sich leicht zu einem unschönen und in der Blüte nachlassenden Gestrüpp aus.

Zum Frühling gehört auch der Fliederduft. Flieder *(Syringa)* gibt es in vielen veredelten Sorten mit etwas sparrigem und starrem Wuchs. *Syringa* × *swegiflexa, S. reflexa* und ähnliche Arten wachsen graziöser, brauchen aber mehr Platz. Nur 1 m hoch wird der Zwergflieder *(Syringa patula)*, der schon als junge Pflanze sehr schön blüht.

Zieräpfel und Zierkirschen können als Einzelpflanzen oder in einer freiwachsenden Hecke verwendet werden. Besonders angenehm duften die Arten *Malus coronaria, M. floribunda, M. hupehensis,* deren Äpfelchen eßbar sind und gut gelieren.

Die Blütenkirsche der Japaner ist *Prunus serrulata* 'Mount Fuji'. Besondere »Stars« unter den Duftsträuchern sind der Duftschneeball, *Viburnum* × *botnantense* 'Dawn' oder *V. farreri.* Beide Sorten blühen sehr früh, oft schon in milden Wintern. *V.* × *burkwoodii* blüht etwas später, wie auch *V.* × *carlcephalum.* Auch *Hamamelis mollis* öffnet ihre duftenden Blüten sehr früh im Jahr. Die Blüten der Zaubernuß werden in England gepflückt und in feuchten Sand gesteckt, um den Duft ins Haus zu holen. Schnitt der Zweige vertragen die Sträucher schlecht, denn die Zaubernuß wächst sehr langsam.

Zu den Winterblühern für schattige Lagen gehört ein wenig bekannter, Ausläufer treibender und immergrüner Kleinstrauch *(Sarcococca humilis)*. Die starkduftenden Blüten stehen in endständigen Büscheln, das Sträuchlein wird 20 bis 30 cm hoch. Auch die nach Honig duftenden Blüten der Mahonie, die im Frühling erscheinen, sind reizvoll. Diese immergrünen Sträucher sind eigentlich zu Unrecht etwas aus der Mode gekommen und sollten wieder mehr Verwendung finden.

In sonniger Lage, besonders schön als Einzelstrauch, duftet und blüht im Juni an graziös herabhängenden Zweigen eine Art des Schmetterlingsstrauches *(Buddleja alternifolia)*. Er blüht lila an den vorjährigen Zweigen und ist ein Schmetterlingsmagnet wie die anderen *Buddleja*-Sorten.

Sonne lieben auch einige Halbsträucher, z.B. der Silberstrauch *(Perovskia abrotanoides)*, der nach Salbei und Eukalyptus riecht, wenn man im Vorbeigehen über die weißfilzigen Blätter streicht. In rauhen Wintern friert er manchmal zurück, treibt aber nach starkem Rückschnitt wieder aus.

Auch die Bartblume *(Caryopteris* und Sorten*)* bringt blaue Farbe und Duft. Beide Gehölze werden etwa 1 m hoch. Wie die Sorten der Katzenminze *(Nepeta)*, einer blaublühenden Staude, eignet sich die Bartblume als Begleitpflanze zu Rosen.

Stauden

Auch wenn nur ein kleiner Vorgarten zur Verfügung steht, braucht man auf Gewürzpflanzen nicht zu verzichten. Zwischen Rosen und Stauden kann man sie heranziehen. Lavendel, Zitronenmelisse, das Winterbohnenkraut *(Satureja montana)* oder Gartensalbei *(Salvia officinalis)* verbinden das Nützliche mit dem Schönen. Als Bodendecker für Blumenzwiebeln eignet sich der Gartenthymian *(Thymus vulgaris)*. Sind Krokus und Tulpen verblüht, ist der Boden mit einem Teppich lilafarbener und duftender Blüten bedeckt. Zum Verwildern in schattigeren Lagen und am Gehölzrand können wir den Waldmeister *(Galium odoratum)*, das Duftveilchen *(Viola odorata* 'Königin Charlotte'*) oder Maiglöckchen (Convallaria majalis* 'Grandiflora'*)*, pflanzen.

Wer den Duft der Lilien liebt, findet sicher für sie einen Platz. Es gibt Sorten für volle Sonne und für schattigere Lagen. Sie wachsen gerne in Gemeinschaft, deshalb legen wir die Zwiebeln in Gruppen zusammen.

Außer Lilien gibt es noch andere Dufter unter den Zwiebelgewächsen, z.B. Hyazinthen, die nach Pflaumen duftende Iris *(Iris graminea)* oder *Iris reticulata* 'J. S. Dijt'. Auch die Dichternarzissen *(Narcissus poeticus)* verbreiten einen geradezu überwältigenden Duft.

Um alle wohlriechenden Stauden und Zwiebelgewächse aufzuführen, fehlt der Platz. Legt man Wert auf Duft, so wählt man aus der Vielzahl der Sorten die Duftstauden aus. Auch in ein und derselben Familie gibt es Züchtungen mit und ohne Geruch.

Klettergewächse

Bei den Klettergewächsen hat den stärksten Geruch sicher die Glycine *(Wisteria sinensis)* mit ihren langen blauen Blütentrauben. Wohlriechend sind auch die weißen Blüten des Strahlengriffels *(Actinidia arguta)*, einige Kletterrosensorten oder das gelb und rot blühende Geißblatt (*Lonicera* und Sorten), das besonders am Abend Duft verströmt.

Sommerblumen

Auch unter den einjährigen Sommerblumen gibt es zahlreiche wohlriechende Arten, so daß man auch in Balkonkasten und Trog nicht auf Blütenduft verzichten muß. Nelken, Levkojen, Ziertabak und Heliotrop seien hier als Beispiel erwähnt. Befaßt man sich einmal etwas eingehender mit Duftpflanzen, wird man erst merken, daß die hier aufgeführten Sorten und Arten nur einen kleinen Teil der vielen Möglichkeiten darstellen können.

In vielen Städten Europas gibt es Duft- oder Blindengärten, in denen blinde Menschen durch den Geruch die Pflanzenwelt erleben können, in denen aber auch Sehende viele Anregungen für einen »Garten der Düfte« finden.

Probleme im Vorgarten

Laubfall

Die Sauberkeitsvorstellungen, die in unseren Wohnungen gelten, kann man nicht auf jede Stelle draußen übertragen. Menschlichkeit, »Leben«, Charme, Spontaneität sind mit der möglichst vollständigen Hygiene und der totalen Sauberkeit nicht zu vereinbaren. Wir sollten den »Frau-Saubermann-Komplex« abbauen, der besonders die Vorgärten beeinflußt hat.

Laubfall gilt teilweise noch immer als Fehler der Natur, als Schmutz und Schlamperei. Was ist schon ein herbstlich bunt gefärbtes Blatt! Was bedeutet es denn, einmal im Jahr Laub fegen zu müssen, gegen das Erlebnis eines Laubbaumes im Wechsel der Jahreszeiten!

Bei einer geschickten Unterpflanzung kann das Laub sogar liegenblieben, nur auf Rasen und Wegen müssen wir es entfernen. Unter bodendeckenden Stauden gibt es regelrechte »Laubfresser« und Regen und Schnee drücken das Fall-Laub in kurzer Zeit zusammen, es verrottet und bildet einen idealen Humus. Denken wir an den Herbstwald, wo man knietief durch raschelnde Blätter stapft. Im Frühjahr sind sie so zusammengefallen, daß Anemonen, Leberblümchen und Scilla sich mühelos darüber erheben können. Das Wissen um den Kreislauf der Natur und um ökologische Zusammenhänge sollte auch im Vorgarten nicht vergessen werden.

Unkraut

»Es gibt kein Unkraut, es gibt nur Pflanzen am falschen Platz«. Man betrachtet die »Unkräuter« mit anderen Augen, wenn man sich diesen Satz eines berühmten Landschaftsarchitekten merkt.

Natürlich muß sich nicht Löwenzahn ungehemmt ausbreiten dürfen und Gras und andere Kräuter den von uns gepflanzten Stauden und Gehölzen Licht und Nahrung wegnehmen, aber ein Gräslein in einer Plattenfuge oder ein von den Vögeln beim winterlichen Füttern übersehener und gekeimter Sonnenblumensämling kann getrost stehen bleiben. Oft macht es besonderen Spaß zu sehen, daß gerade diese Pflanzen sich zu außergewöhnlich prächtigen Exemplaren entwickeln.

Ist eine Pflanzung gut durchdacht, für die vorhandenen Licht- und Bodenverhältnisse geeignet und gehören die Pflanzen zur gleichen Lebensgemeinschaft, werden sie schnell so zusammenwachsen, daß sich nur wenige »Pflanzen am falschen Platz« ansiedeln können. Die Natur hat immer das Bestreben, offenen Boden so schnell wie möglich zu begrünen. Auf offenem, d.h. nicht mit Pflanzenwuchs bedecktem Erdreich, keimt Unkrautsamen, der angeflogen kam oder lange im Erdreich lag und durch günstige Lebensbedingungen zum Keimen angeregt wurde. Das Wissen um diese Zusammenhänge ließ schließlich den Begriff »Bodendecker« entstehen.

Hunde und Katzen

Die rechtlichen Vorschriften sind im Kapitel »Garten und Recht« erörtert. Gegen Katzen wird man nicht viel machen können, sie halten sich auch wohl seltener in Vorgärten auf. Hat man sie einige

Male schimpfend verjagt, meiden sie meist diese Gärten.

Immer wird beklagt, daß Katzen Vögel fangen. Zumeist sind es aber kranke und unerfahrene Vögel, die sich erwischen lassen. Man sollte einmal überlegen, durch wen die Vogelwelt in größtem Maße gefährdet und bedroht ist! Alle Katzen dieser Welt haben nicht eine einzige Vogelart ausgerottet und werden das auch nie können. Wir Menschen vernichten laufend den natürlichen Lebensraum der Vögel. Gedankenlos und rücksichtslos vergiften wir ihre Nahrungsgrundlagen und bringen Jahr für Jahr immer mehr Vogelarten auf die »Rote Liste«, in der bedrohte und aussterbende Arten registriert werden.

Unvernünftige Hundehalter, die ihre Lieblinge in Vorgärten ohne Zaun und Hecke zum Erledigen ihrer »Geschäfte« spazieren führen, gibt es leider immer noch. Nehmen diese unangenehmen Belästigungen überhand, wird man um eine Abgrenzung nicht herumkommen. Statt eines Zaunes könnte man eine niedrige oder halbhohe Hecke pflanzen, vielleicht aus bestachelten oder bedornten Gehölzen. Sie halten Tiere meist besser fern als mancher Zaun.

Abfall

Gegen die Dummheit und Rücksichtslosigkeit vieler Zeitgenossen ist nur wenig zu machen. Bei vielen fängt der Umweltschutz erst beim Nachbarn an, sie selbst fühlen sich davon nicht betroffen. Zu Hause ist es oft sauber wie geleckt, auf die Straße, in fremde Gärten werden Plastik, Papier, Flaschen, Büchsen und Zigarettenschachteln aber ohne Hemmungen geworfen. Kann man den »Verursacher« nicht erwischen, bleibt dem Gartenbesitzer das Aufsammeln. Man ärgert sich – aber man sollte sich dadurch die Freude am Vorgarten nicht verderben lassen. Wollen wir wirklich auf Grün verzichten und asphaltieren, nur weil man diese Flächen besser sauberhalten kann?

Reinfahren

Autos, Radfahrer und eilige Fußgänger schneiden gerne den Weg ab und zerstören dabei Beetecken und Sträucher, solange letztere nicht eine entsprechende Größe haben. Wie können wir diese Schäden verhindern?

Bei der Anlage von Wegen sollte man gleich an diese kritischen Ecken denken und sie dort verbreitern, wo sie mit einem anderen Weg zusammenstoßen. Manchmal genügt ein großer Stein, den wir an die gefährdete Stelle legen. Es sollte schon ein etwas größeres Exemplar sein, den wir mit seiner breitesten Seite aufliegen lassen, damit er nicht wie ein aufgestellter Grabstein aussieht.

Es gibt auch sogenannte Poller aus Beton, die eingegraben werden und dadurch einen Stoß aushalten, oder Betonkugeln, die recht dekorativ aussehen können. Eine Holzstange, die auf zwei niedere Pfosten genagelt wird, kann wirkungsvoll, aber unauffälliger als ein Zaun auch eine etwas größere Fläche abgrenzen.

Will man bei größeren Pflasterflächen, z. B. bei Einfahrten von Doppelgaragen, vermeiden, daß fremde Fahrzeuge dar-

Unten: Der ausdrucksstarke Sandsteinzwerg von 1720 aus dem Zwergengarten in Steyr ...

Rechts: ... und die Massenproduktion unserer Zeit.

auf wenden oder gar parken, kann man mit einigen Pflanzbeeten oder einer Pflanzinsel mit einem Baum die Fläche so unterteilen, daß man selbst genügend Platz hat, der Reiz des »Platzes« für Fremde aber nicht mehr gegeben ist. Eine andere Möglichkeit bieten auch Absperrketten. Allerdings hat man dann selbst keine freie Ein- und Ausfahrt und muß die Ketten ein- oder aushängen, wenn man die Garage benutzen will.

Spielende Kinder

Auch wenn es viele nicht gerne hören: Auch Kinder können für den Vorgarten

zum Problem werden. Der Grund ist, daß Kinder mit Vorliebe in Hausnähe und nicht auf den von den Planern zugewiesenen Spielplätzen spielen. Fliegt der Ball ständig ins Blumenbeet oder rennen sie rücksichtslos durch die Pflanzen, so sollte man versuchen mit den Kindern zu reden.

Zerstörungswut und Gedankenlosigkeit ist oft die Folge von Unkenntnis. Zeigen wir ihnen die Schönheiten einer Blüte, eines Blattes oder einer Pflanze und versuchen wir, ihr Interesse daran zu wecken.

In unserer Wegwerfgesellschaft scheint auch die Natur zur Ware geworden zu sein, die man beliebig herstellt, verbraucht und wegwirft, bis sie, wie andere »Gebrauchsartikel«, auf dem Müll landet. Von wem sollen die Kinder sehen lernen, wenn wir sie nicht darauf hinweisen?

Kitsch

Was ist eigentlich Kitsch? In einem Konversationslexikon steht: »Kitsch: pseudokünstlerische, häufig sentimentale, unangemessene Bewältigung eines (Schein)gehalts«, also ein »Scheinkunstgebilde«. Vermutlich tauchte der Begriff erst im 19. Jahrhundert auf, weshalb man glaubt, Kitsch gäbe es erst in der modernen Zeit.

Auch Kunsthistoriker beurteilen Schöpfungen aus früheren Stilepochen sehr vorsichtig, wenn es sich um »kitschverdächtige« Werke handelt. Das Alte betrachtet man vorurteilslos, das Neue eher kritisch.

Hans Schiller, der frühere Stadtgar-

tendirektor von Fürth, hat sich in Vorträgen, Artikeln und Büchern geistvoll und geradezu philosophisch mit dem Kitsch im Garten auseinandergesetzt. Er kommt zu dem Ergebnis: Kitsch ist ein Relativum. Er ist ein Teil unseres Lebens und ganz unberührt davon bleibt kaum einer. Er entspringt einem Urtrieb des Menschen, dem Spieltrieb, der sich durch alle Kunst- und Kulturrichtungen bis in unsre Zeit wie ein roter Faden zieht.

Je nach Lebensalter, Bildungsstufe, Zeitumständen, Mode schwankt die Einstellung zum Kitsch.

Gartenzwerge und anderes

Als typischer Vertreter des Kitsches im Garten gilt der Gartenzwerg, dessen geistige Ahnen im Märchen ihre Wurzeln haben. In den Gärten des 18. Jahrhunderts wurden sie kunstvoll in Stein gehauen und auf Mauern und Balustraden aufgestellt, wie z. B. im Zwergentheater im Garten von Schloß Mirabell in Salzburg (heute im Bastionsgarten). Inzwischen ist der Gartenzwerg zum billigen, industriell erzeugten Scherzartikel abgesunken, ein Massenprodukt aus Plastik, regenfest und frostsicher.

Heute hat die Nostalgie-Welle nicht nur Architektur und Innenarchitektur erreicht, auch auf die Gartengestaltung wirkt sie sich aus. Ohne viel zu überlegen, kauft man eine Figur und stellt sie auf. Statt auf einem gut proportionierten Sockel, für den sie im Original gedacht war, steht die Putte z.B. irgendwo im Gebüsch oder auf dem Rasen, genauso naturalistisch wie Kunststoff-Reh und -Gartenzwerg. Viel zu kleine Löwen mit dümmlichem Gesichtsausdruck drohen mit zierlich erhobenen Pranken und bewachen rechts und links vom Gartentor auf simplen Betonsäulen sitzend, Briefkasten und Sprechanlage. Da genügt das bunte Staudenbeet auf einmal nicht mehr, vor das Haus muß unbedingt ein alter Schubkarren oder ein ausgehöhlter Baumstamm, möglichst »rustikal« und bepflanzt mit möglichst knalligen bunten Sommerblumen. Dazu gehören an die Wand Ochsenkummet, Wagenrad oder rostige Sense. Einmal mag es originell sein, findet man diese »Gestaltung« aber in vielen Gärten, wird es peinlich.

Kitsch mit Pflanzen

Auch mit Pflanzen, kann man, gewollt oder ungewollt, ins Kitschige abgleiten. »Teure« Pflanzen von guten Freunden, Rhododendron und Zuckerhutfichte müssen gut sichtbar plaziert werden; möglichst im Vorgarten, das ist man den Gebern schuldig. Ob die Umgebung paßt, die Pflanzen zueinander passen wird nicht überlegt.

Man sollte niemand verurteilen, dessen Herz an etwas hängt, was andere als Kitsch bezeichnen. Bis ins Endlose sollte die Toleranz aber nicht gehen. Kitsch ist harmlos, Schund und Verlogenheit aber sind ein Irrtum.

Garten und Recht

Im Bürgerlichen Gesetzbuch (BGB) steht, daß jeder verpflichtet ist, andere vor Schäden zu bewahren. Diese Pflicht gilt auch für jeden Gartenbesitzer. Wenn ein Gartenzaun schadhaft ist, eine Rosenranke in die Straße reicht und ein Passant sich daran verletzt, wenn auf einer schadhaften oder schlecht beleuchteten Treppe ein Besucher stürzt oder eine Grenzhecke nicht den nötigen Überblick über den Straßenverkehr erlaubt und es deshalb zu einem Unfall kommt, dann muß man mit hohen Schadenersatzforderungen rechnen. Die »Verkehrssicherheitspflicht« besteht nicht nur für den Eigentümer, sondern auch für den Mieter oder Pächter des Grundstücks.

Wenn eine morsche Gartenleiter, die in der Mittagspause an der zu schneidenden Hecke stehen bleibt und auf der fremde Kinder verunglücken, wenn an einem frisch gestrichenen Gartenzaun das Hinweisschild fehlt und sich ein Vorübergehender die Kleidung verschmutzt, kann es ebenfalls zu Schadenersatzforderungen der Betroffenen führen.

Versicherung

Mit einer Haftpflichtversicherung kann man sich gegen Ersatzansprüche schützen. Die Haftpflichtversicherung hat die Aufgabe, begründete Ansprüche zu befriedigen und unbegründete auf ihre Kosten abzuwehren. Als Eigentümer eines Grundstücks sollte man eine Grundstücks-Haftpflichtversicherung abschließen. Für den Mieter oder Pächter, der für den Garten verantwortlich ist, genügt die Privathaftpflichtversicherung. Es ist empfehlenswert, seine Versicherungsgesellschaft, falls man bereits eine entsprechende Versicherung abgeschlossen hat, zu fragen, ob sich der Versicherungsschutz auch auf das Risiko aus dem Garten bezieht.

Nachbarrecht

Darunter fallen neben den Vorschriften über Störungen durch Lärm und Abgase auch die Rechtsvorschriften, die den Schutz der Nachbarschaft vor Beeinträchtigung von anderen Grundstücken regeln, z. B. Laubfall von Nachbars Bäumen und Vorschriften über Grenzabstände von Bäumen, Sträuchern und Hecken.

Grundsätzlich sollte man mit dem »Störer« erst ein Gespräch führen und versuchen, sich gütlich mit ihm zu einigen, bevor man einen bösen Brief schreibt oder gar einen Anwalt bemüht. Oft weiß der Nachbar garnicht, daß man sich gestört fühlt und meistens lassen sich die Probleme friedlich lösen. Das ist jedem nachbarschaftlichem Streit vorzuziehen.

Lärm

Das Einhalten bestimmter Ruhezeiten, in denen keine lärmerzeugenden Arbeiten durchgeführt werden dürfen, ist örtlich unterschiedlich geregelt. Darunter fallen Rasen mähen, laute Radio- oder Instrumentalmusik. Leichte Gartenarbeiten sind auch an Sonn- und Feiertagen erlaubt. Verstöße gegen die Ruhebestimmungen werden teilweise mit erheblichen Geldbußen belegt.

Laubfall

Der normale Laubfall im Herbst von Nachbars Bäumen auf unser Grundstück wird in keinem Bundesland als Störquelle betrachtet, für die man einen Ausgleichsanspruch in Geld begründen könnte.

Grenzabstände

Die Regelungen über die Pflanzabstände von Bäumen, Hecken und Sträuchern sind in den einzelnen Bundesländern verschieden. Will man sicher gehen und nichts falsch machen, kann man sich bei Landratsämtern, zuständigen Ministerien, Gewerbeaufsichtsämtern oder Gemeindeverwaltungen erkundigen. Baden-Württemberg hat, was Grenzabstände betrifft, mit die strengsten Vorschriften. Man macht also bestimmt nichts falsch, wenn man sich danach richtet. Bei Bäumen, Sträuchern und Hecken, die nicht höher als 2 m sind, beträgt der Mindestabstand von der Grenze 1 m (Bayern 50 cm), bei Obstbäumen bis 4 m Höhe ist der Abstand von 2 m einzuhalten. Bei Buchen, Eichen und Pappeln sogar 8 m. Im allgemeinen verjährt der Anspruch auf Beseitigung von zu nah an die Grenze gesetzter Gehölze nach 5 Jahren, meist beginnend mit dem Jahr der Pflanzung.

Tierhaltung

Im Amtsdeutsch ist es so formuliert; »Tiere sind so zu halten, daß durch den von ihnen erzeugten Lärm niemand mehr als zumutbar oder nach den Umständen unvermeidbar gestört wird.« Als unzumutbar gilt z.B. das nächtelange Gebell oder das Frei-laufen-Lassen eines gefährlichen Hundes, auch das Gegakker der Hühner. Außerdem heißt es in § 906 BGB: »Der Eigentümer eines Grundstücks kann die Zuführung von Gasen, Dämpfen, Gerüchen, Rauch, Ruß, Wärme, Geräusch, Erschütterungen und ähnliche, von einem anderen Grundstück ausgehende Einwirkungen insoweit nicht verbieten, als die Einwirkungen die Benutzung seines Grundstücks nicht oder nur unwesentlich beeinträchtigt. Das gleiche gilt insoweit, als eine wesentliche Beeinträchtigung durch eine ortsübliche Benutzung des anderen Grundstücks herbeigeführt wird und nicht durch Maßnahmen verhindert werden kann, die Benutzern dieser Art wirtschaftlich zumutbar ist.“

»Unwesentliche Beeinträchtigung« und »ortsübliche Benutzung« des Nachbargrundstückes lösen also keinen Schutz gegen gelegentliches Hundegebell oder Stallgeruch aus, wenn man auf dem Dorf lebt. Im städtischen Wohnbereich kann die Rechtslage anders sein.

Tiere des Nachbarn halten sich oft nicht an unsere Eigentumsbegriffe. Ihr »grenzüberschreitender Verkehr« gibt oft Anlaß zu Ärger. Je nach Veranlagung behält man ihn, innerlich fluchend, für sich, läßt ihn lautstark über den Zaun schallen oder bringt ihn vor den »Kadi«. Auch hier sollte man nach Möglichkeit erst mit dem Besitzer der Tiere reden.

Kommt Nachbars Tier auf unser Grundstück, kann es nach § 859 BGB behandelt werden: »Der Besitzer darf sich verbotener Eigenmacht mit Gewalt erwehren.« Verletzen oder töten darf man das eingedrungene Tier nicht, aber mit dem Gartenschlauch Hühner vertreiben, einen Stock nach dem Hund werfen oder die Katze verjagen, ist erlaubt. Verboten ist dagegen, seinen Hund auf Katze oder Hühner hetzen, wenn die Gefahr besteht, daß die Tiere verletzt oder getötet werden könnten. Auch Giftköder gegen Mäuse und Ratten darf man nur auslegen, wenn keine Gefahr für die Hühner des Nachbarn bestehen; zumindest muß er vorher davon unterrichtet werden.

Anspruch auf Schadenersatz besteht, wenn ein Tier Schaden angerichtet hat. Haben z. B. Nachbars Hühner das Saatbeet oder den frisch angesäten Rasen zerkratzt oder die Katze ein Beet als Klosett benutzt und dabei wertvolle Pflanzen beschädigt, kann man das eingedrungene Tier fangen und so lange zurückbehalten, bis man vom Besitzer den Schaden ersetzt bekommt. Allerdings muß man das Tier so lange füttern und pflegen. Geregelt wird dieser Anspruch durch § 833 BGB: »Wird durch ein Tier ein Mensch getötet oder der Körper oder die Gesundheit eines Menschen verletzt oder eine Sache beschädigt, so ist derjenige, welcher das Tier hält, verpflichtet, dem Verletzten den daraus entstehenden Schaden zu ersetzen.« Das Saatbeet und das Grundstück sind »Sachen«.

Baumschutzverordnung

In vielen Orten gibt es eine Baumschutzverordnung nach dem Naturschutzgesetz. Dadurch soll das hemmungslose Fällen schützenswerter Bäume verhindert werden. Will man einen größeren Baum beseitigen, muß man einen Antrag bei der zuständigen Behörde stellen. Das gilt auch für kranke Bäume. Die Größe, ab der man eine Erlaubnis zum Fällen braucht, ist örtlich unterschiedlich. In München gilt der Schutz allen Bäumen, die 1 m über dem Boden einen Stammumfang von 80 cm und darüber haben, das entspricht etwa einem Stammdurchmesser von 25 cm. Oft bekommt man die Genehmigung mit der Auflage, einen jungen Baum neu zu pflanzen, der aber nicht unbedingt am gleichen Platz stehen muß. Wo es eine Baumschutzverordnung gibt, ist es nicht ratsam, ohne Erlaubnis Bäume zu fällen. Oft holen Nachbarn die Polizei, und die Geldbußen können sehr hoch sein.

Pflanzen im Mietgarten

Was kaum jemand weiß: Alle ausdauernden Gewächse gehen mit dem Zeitpunkt der Pflanzung in den Besitz dessen über, dem das Grundstück gehört. Der Mieter hat dann nur noch das Nutzungsrecht. Er kann bei Aufgaben des Gartens, z. B. bei einem Umzug, weder eine finanzielle Entschädigung verlangen, noch darf er ohne Erlaubnis des Grundstücksbesitzers Stauden und Gehölze ausgraben und mitnehmen. Meist wird der Hausbesitzer Verständnis haben, daß man Stauden und Kleingehölze, die einem ans Herz gewachsen sind, behalten und umpflanzen möchte, aber wenn er wünscht, daß sie am Standort verbleiben, muß man sich fügen. Ärger und Streitereien kann man sich sicher auch hier mit sachlichen Gesprächen ersparen.

Literaturverzeichnis

Allinger, G.: Der deutsche Garten. Bruckmann, München 1950.

Andritzky, M., und Spitzer, K.: Grün in der Stadt. Rowohlt, Hamburg 1983.

Dittrich, W.: Bäuerliche Gärten. Verlag Eugen Ulmer, Stuttgart 1984.

Graebner, P.: Illustriertes Gartenbaulexikon. Paul Parey Berlin 1927.

Greiner, J.: Grünanlagen für mehrgeschossige Wohnbauten. VEB Landwirtschaftsverlag, Berlin 1966.

Gotheim, M.-L.: Geschichte der Gartenkunst. Eugen Diederichs, Jena 1926, Nachdruck Georg Ollus Verlag, Hildesheim-New York 1977.

Hansen, R., Stahl, F.: Bäume und Sträucher im Garten. Verlag Eugen Ulmer, Stuttgart 1976.

Hansen, R., Stahl, F.: Die Stauden. Verlag Eugen Ulmer, Stuttgart 1984.

Hauser, A.: Bauerngärten in der Schweiz. Artemis, Zürich-München 1976.

Hay, R., Synge, M., Herklotz, A. und Menzel, P.: Gartenblumen. Verlag Eugen Ulmer, Stuttgart 1983.

Heyer, H. R.: Historische Gärten der Schweiz. Benteli, Bern 1980.

Hoffmann, K.: Garten und Haus. Hoffmann, Stuttgart 1956.

Jelitto, R. und Schacht, W.: Die Freilandschmuckstauden. Verlag Eugen Ulmer, Stuttgart 1963.

Köhlein, F.: Gartenarbeiten. Verlag Eugen Ulmer, Stuttgart 1983.

Kühn,G.: Pflanzung unter Bäumen. Garten und Landschaft 10, 1966.

Laage, G.: Wohnen beginnt auf der Straße. DVA, Stuttgart 1977.

Lauter, W.: Zäune und Mauern. Harenberg, Dortmund 1983.

Meyer, G.: Lehrbuch der schönen Gartenkunst. Riegel Verlag, Berlin 1860.

Meyer, H: Vom Grundstück zum Wohngarten. Verlag Eugen Ulmer, Stuttgart 1977.

Mitscherlich, A.: Thesen zur Stadt der Zukunft. Suhrkamp, Frankfurt 1971.

Nichols, B.: Große Liebe zu kleinen Gärten. Reimer, Berlin 1933.

Nowak-Nordheim, W.: Freude am Bauerngarten. Südwest-Verlag, München 1982.

Page, R.: Ich schuf Gärten in aller Welt. Verlag Neumann-Neudamm, Melsungen 1967.

Encke, F. (Hrsg.): Pareys Blumengärtnerei. Verlag Paul Parey, Hamburg 1961, 2. Aufl.

Passecker, A., Gruber, P. G.: Allsamt ein irdisch Paradies. Neff, Wien – Berlin 1976.

Plenzat, D.: Duftende Pflanzen in Garten und Haus. Plenzat-Hofmann, Frankfurt 1977.

Prinz, D.: Städtebau. Kohlhammer, Stuttgart 1980.

Reich, A.: Gärten, nahrhaft und erfreulich. Bruckmann, München 1948.

Reich, A.: Gärten, die wir lieben. Bruckmann, München 1966.

Richter, G.: Handbuch Stadtgrün. BLV, München 1981.

Rosen, I.: Im Grünen wohnen. Südwest-Verlag, München 1973.

Rücke, K.-H.: Städtebau und Gartenkunst. Christians-Verlag, Hamburg 1963.

Ruske, W.: Holz im Außenbereich. DVA, Stuttgart 1978.

Schatz, R., Niesel, A.: Gartentechnik. Verlag Paul Parey, Berlin 1968.

Schiller, H.: Schöne und nützliche Gärten. Verlag der Gartenschönheit, Starnberg 1942.

Schiller, H.: Kitsch und Irrtum in der Gartenkunst. Obst- und Gartenbauverein, München 1961.

Schmidt, E.: Hausgärten nach Plan. Verlag Callwey, München 1979.

Schmidt, J. C.: Des Hauses Vorgarten. Erfurt, um 1890.

Steffen, A.: Handbuch der Marktgärtnerei. Paul Parey, Berlin 1938.

Wehrhahn, H. R.: Großes Handbuch für Gartenbau und Gartenkultur. Heinrich Killinger Verlagsgesellschaft, Nordhausen am Harz 1938.

Wieland, D., Bode, P. M., Disko, R.: Grün kaputt. Raben, München 1984.

Wieland, D.: Gebaute Lebensräume. Beton-Verlag, Düsseldorf 1982.

Wohlschlager, J.: Unser Garten meisterlich bepflanzt. Verlag Eugen Ulmer, Stuttgart 1973.

Sachregister

Seitenzahlen mit Sternchen* verweisen auf Abbildungen.

Bildquellen

Die Zeichnungen fertigte Rainer Benz, Stuttgart, nach Vorlagen der Verfasserinnen.

Apel, J., Baden-Baden: Abb. Seite 74.
Betz-Schiel, W., Straußdorf: Abb. Seite 15, 90, 91, 111, 120.
Briemle, H., Beringersdorf: Abb. Seite 72 (links).
Felbinger, A., Leinfelden-Echterdingen: Abb. Seite 7, 19, 30, 99.
Graeber, T., Bernau: Abb. Seite 102.
Raisch, H., Ostfildern: Abb. Seite 16, 17, 22, 24, 33, 35, 43, 78, 87, 97.
Reinhard, H., Heiligenkreuzsteinach-Eiterbach: Abb. Seite 73, 95, 121.
Repenthin, C., Osnabrück: Abb. Seite 45, 64.
Rücker, K., Stuttgart: Abb. Seite 40, 107.
Seidl, S., München: Abb. Seite 49, 55 (alle), 59, 65, 72 (rechts).
Stehling, W., Hamburg: Umschlagfoto; Abb. Seite 21, 104, 113.
Werkfoto BEGA: Abb. Seite 38 (links).
Werkfoto TZ-Licht: Abb. Seite 38 (rechts).
Wetterwald, M.-F., Offenburg: Abb. Seite 2.
Wirth, P., Leinfelden-Echterdingen: Abb. Seite 28, 85.